Sekundarstufe

Rudi Lütgeharm

Stationenlernen Skelett, Muskeln & Gelenke

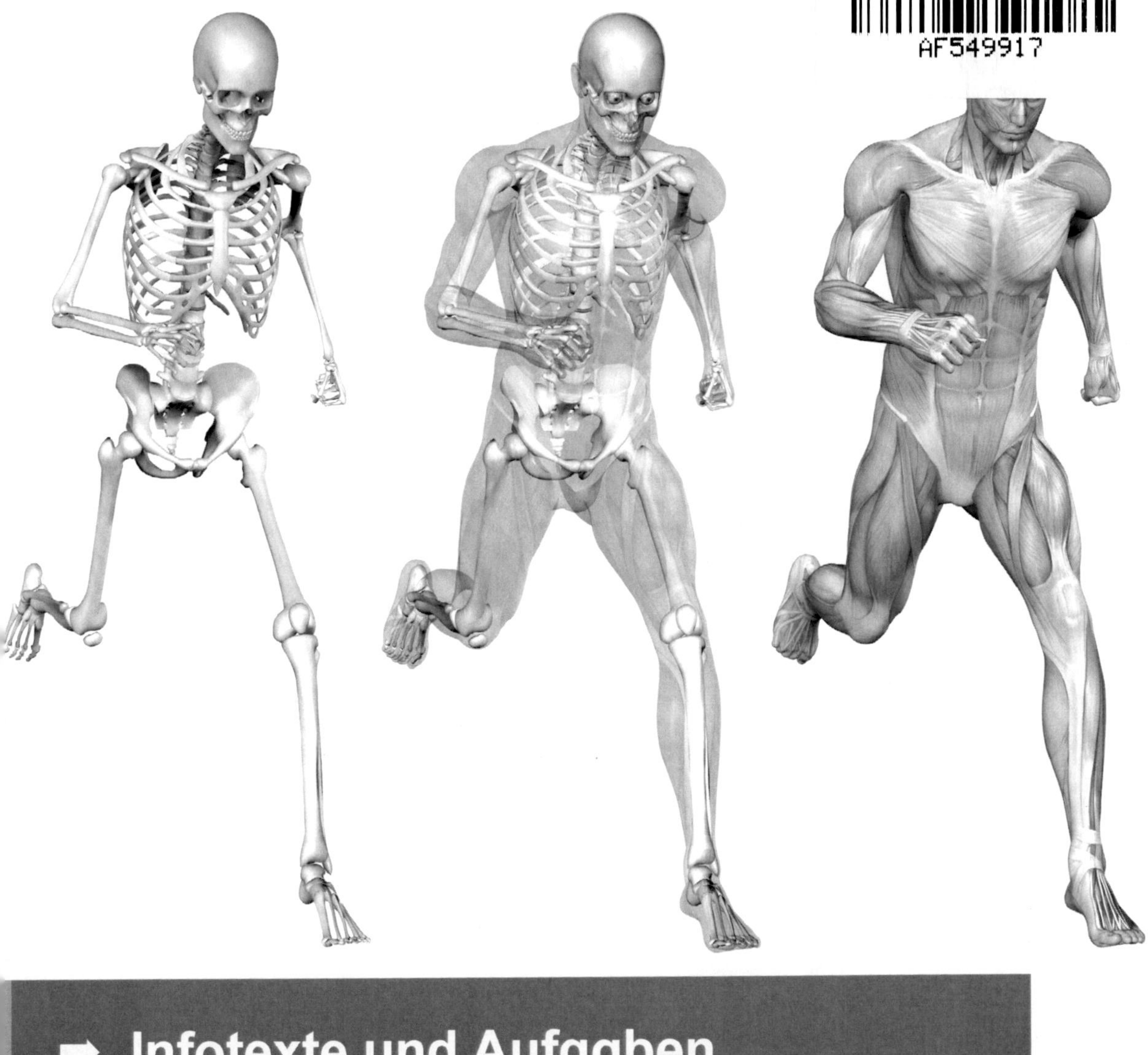

- Skelett
- Bewegungsapparat
- Wirbelsäule
- Muskeln und Bewegung
- Gelenke und Funktion

- ➡ Infotexte und Aufgaben
- ➡ Differenziert in drei Niveaustufen
- ➡ Ohne Vorarbeit sofort umsetzbar

Stationenlernen Skelett, Muskeln & Gelenke

5. Auflage 2025

Inhalt: Rudi Lütgeharm
Illustrationen S. 6/32/39/41: © Scott Krausen
Umschlagbilder: © AlienCat & volondoff - AdobeStock.com
Redaktion: Kohl-Verlag
Grafik & Satz: Kohl-Verlag
Druck: Druckerei Flock, Köln

Bestell-Nr. 12 348

ISBN: 978-3-96624-021-5

Bildquellen © AdobeStock.com

S. 4: © high_resolution; **S. 5:** © ag visuell; **S. 8:** © York; **S. 10:** © pikovit, WavebreakMediaMicro, Natis, York; **S. 13-20:** © pikovit; **S. 18:** © zinkevych; **S. 19:** © Naeblys; **S. 20:** © Alexander Potapov; **S. 21:** © ag visuell, York; **S. 22:** © Ljupco Smokovski; **S. 23:** © Mediteraneo; **S. 24:** © Olga, Chastity, SciePro; **S. 25/26:** © pikovit; **S. 26:** © dusanpetkovic1; **S. 27/28:** © Lifeking, dissoid, SciePro, bilderzwerg; **S. 29:** © Natis; **S. 30:** © Henrie; **S. 31:** © sakurra, Henrie, bilderzwerg; **S. 33:** © CrazyCloud, Olga; **S. 34:** © Olga, PR Image Factory, pavelkriuchkov; **S. 35/36:** © sakurra, magicmine, Henrie; **S. 37/38:** © bilderzwerg, falco47, juefraphoto; **S. 39:** © Peter Hermes Furian; **S. 40:** © matis75; **S. 42:** © corbacserdar; **S. 43:** © freestyle_images; **S. 44:** © 7activestudio; **S. 45/46:** © roadrunner; **S. 47/48:** © photosvac; **S. 49/50:** © decade3d, photosvac; **S. 51:** © high_resolution, reineg; **S. 52:** © science2, Vector Tradition, Aldeca Productions, bilderzwerg, Animaflora PicsStock, dissoid; **S. 53:** © science2, itsmejust, crevis, Anton, Henrie; **S. 54:** © crevis, Vector Tradition, angkhan, bilderzwerg; **S. 55:** © JPC-PROD; **S. 56:** © Jenny Sturm; **S. 57:** © reineg, bilderzwerg; **S. 58:** © bilderzwerg, New Africa; **S. 59/60:** © Vector Tradition; **S. 61/62:** © nerthuz

Kontakt: Kohl-Verlag, An der Brennerei 37-45, 50170 Kerpen
Tel: +49 2275 331610, Mail: info@kohlverlag.de

Unsere Lizenzmodelle

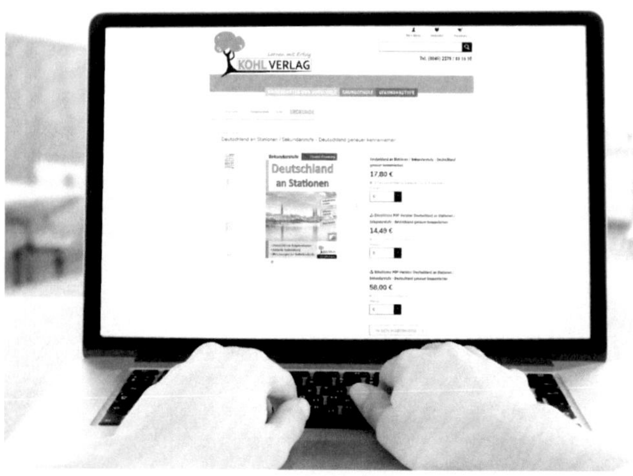

Der vorliegende Band ist eine Print-Einzellizenz

Sie wollen unsere Kopiervorlagen auch digital nutzen? Kein Problem – fast das gesamte KOHL-Sortiment ist auch sofort als PDF-Download erhältlich! Wir haben verschiedene Lizenzmodelle zur Auswahl:

	Print-Version	PDF-Einzellizenz	PDF-Schullizenz	Kombipaket Print & PDF-Einzellizenz	Kombipaket Print & PDF-Schullizenz
Unbefristete Nutzung der Materialien	x	x	x	x	x
Vervielfältigung, Weitergabe und Einsatz der Materialien im eigenen Unterricht	x	x	x	x	x
Nutzung der Materialien durch alle Lehrkräfte des Kollegiums an der lizensierten Schule			x		x
Einstellen des Materials im Intranet oder Schulserver der Institution			x		x

Die erweiterten Lizenzmodelle zu diesem Titel sind jederzeit im Online-Shop unter www.kohlverlag.de erhältlich.

Inhalt

Stationenlernen
Skelett, Muskeln und Gelenke – Bestell-Nr. 12 348

Vorwort und Einführung

„Nichts ist einfacher, als einen Fuß vor den anderen zu setzen", zu springen oder mit einem Partner zu tanzen, evtl. sogar eine komplizierte sportliche Bewegung wie den „Flop" beim Hochsprung auszuführen.

Viele Menschen nehmen überhaupt nicht wahr, welche großartigen Leistungen ihr Körper alltäglich vollbringt. Erst der besondere Aufbau von Skelett und Muskulatur des menschlichen Körpers ermöglichen es, diese gezielten Bewegungen auszuführen, oder einfach ausgedrückt:

Das Skelett mit seinen Knochen und Gelenken sowie die Muskulatur sind ein starkes Team.

Schüler sehen häufig einen Sinn darin, an ihrer Figur „zu arbeiten" und ihre Fitness zu verbessern, d.h. sie setzen sich betrachtend und aktiv mit ihrem eigenen Körper auseinander. Die Voraussetzungen dafür bilden grundlegende Kenntnisse über den gesamten Bewegungsapparat, den Aufbau des Skeletts, die Arten der Gelenke und ihre Bewegungsmöglichkeiten sowie die Funktionen der Muskulatur.

Viele Schüler haben eigene Erfahrungen mit den Themen Skelett/Knochen und Muskulatur/Sehnen gemacht und bringen ihre „Erlebnisse" häufig spontan und emotional in den Unterricht ein. Auf Nachfrage antworten viele Schüler mit Sportverletzungen wie „Muskelfaserriss", „Knieprellung", „Sehnenzerrung", aber auch Knochenbruch am Unterarm.

Schon deshalb sind die Themen Skelett, Knochen, Muskeln und Gelenke für die meisten Schüler hoch interessant, daran lässt sich gut „anknüpfen" und wichtige Inhalte/Schwerpunkte dieser Themenbereiche vermitteln.

Dieses Buch vermittelt den Schülern anschaulich Hintergrundinformationen zu ihrem Körper, zum Aufbau von Skelett, Muskeln und Gelenken. Die vermittelten Kenntnisse sollen die Schüler dazu befähigen, ihre Verhaltensweisen hinsichtlich der Auswirkungen auf ihren eigenen Körper zu betrachten/überprüfen.

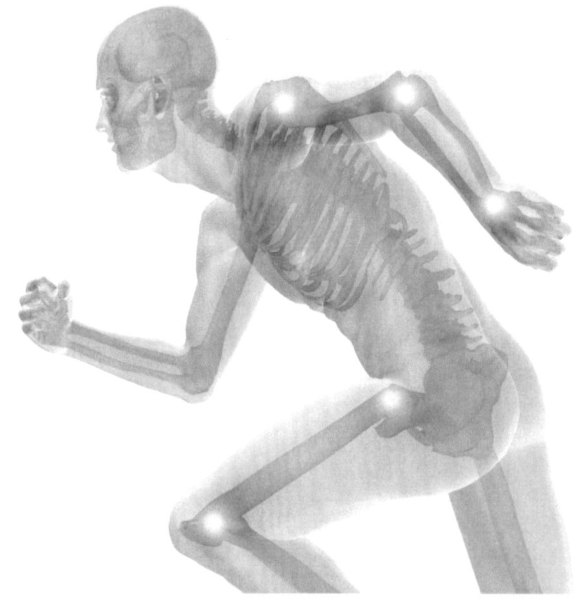

Vorwort und Einführung

Die Schüler sollen lernen und verstehen ...

- dass Knochen und Gelenke die tragenden Teile des menschlichen Bewegungsapparates sind;
- wie sich der Bewegungsapparat des Menschen zusammensetzt;
- dass das Skelett eines Menschen aus über 206 Knochen besteht;
- dass alle Knochen zusammen "das Skelett" bilden;
- dass die Knochen im menschlichen Körper wie ein inneres Gerüst sind;
- dass Knochen, die nicht beansprucht werden, an Festigkeit verlieren und leichter brechen können;
- dass Bewegungen durch das Zusammenwirken verschiedener Anteile des Bewegungsapparates möglich werden;
- dass die Knochen über Gelenke miteinander verbunden sind und manche Gelenke nur Bewegungen in eine Richtung ermöglichen, z.B. das Kniegelenk,
- dass andere Gelenke wie das Hand- oder das Schultergelenk aber größere Bewegungsfreiheiten ermöglichen;
- dass Gelenke, die nicht gut durchblutet - „geschmiert" - werden, anfälliger für Knorpel- und Bindegewebsschäden sind;
- dass Muskeln und Gelenke alltägliche Bewegungen wie Ortsveränderungen genauso wie komplizierte Bewegungsabläufe im Sport möglich machen;

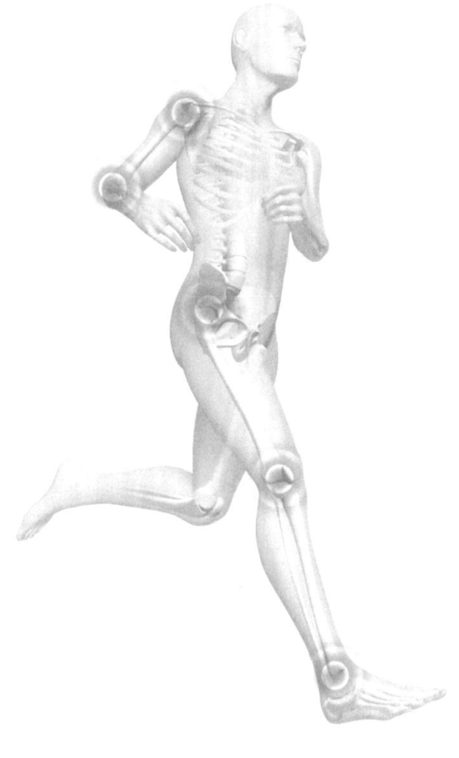

Vorwort und Einführung

- dass jede Bewegung das Ergebnis der Zusammenarbeit mehrerer Muskeln – zwischen den Agonisten und den Antagonisten – darstellt;
- dass der schmerzhafte Muskelkater meistens einen Tag nach einer ungewohnten (übermäßigen) körperlichen Belastung auftritt und zwei bis drei Tage anhält, bevor er seine schmerzhafte Wirkung verliert;
- dass die richtige Körperhaltung im Alltag Haltungsschäden und Schäden am Bewegungsapparat verhindern kann;
- dass ein gezieltes und nicht übertriebenes Sportprogramm wichtig für die Knochen- und Gelenksgesundheit ist.

Dieses Buch soll dazu beitragen, das vorhandene Grundlagenwissen zu erweitern und dabei auch insbesondere Zusammenhänge zu verstehen, damit die Schüler in die Lage versetzt werden, sich „gesundheitsbewusst“ und funktionsgerecht zu bewegen.

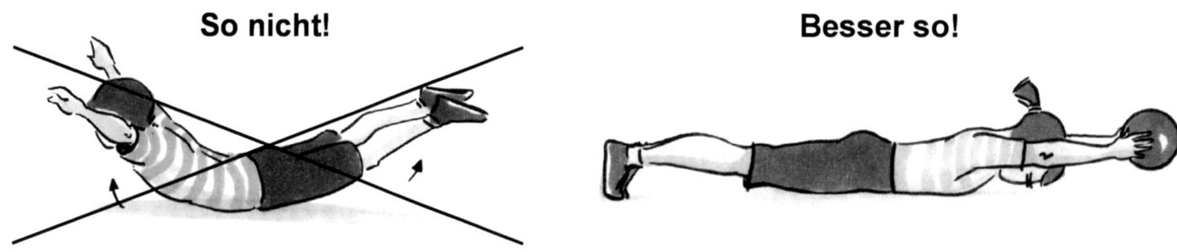

Viel Freude und Erfolg beim Einsatz der Stationen sowie der Bearbeitung und Lösung der gestellten Aufgaben wünschen das Kohl-Redaktionsteam und

Rudi Lütgeharm

Didaktisch-methodische Hinweise – Lehrplan/Kerncurriculum

Das Fach Biologie leistet einen Beitrag zum Verständnis des Verhaltens von Lebewesen und der Rolle des Menschen in der Natur. Es setzt sich mit Fragen der Achtung und des Schutzes des Lebendigen sowie positiven Gesundheitsstrategien auseinander.[1]

Durch die Aneignung biologischen Grundwissens erwerben die Schüler wichtige Voraussetzungen für ein besseres Verstehen von Problemen unserer Zeit.

Nachdem am Ende des 4. Schuljahrganges Kenntnisse über den grundlegenden Aufbau und wesentliche Funktionen des Skeletts erwartet werden, stehen für die Schüler in den Klassenstufen 7, 8 oder 9 (je nach Bundesland) aufgrund ihrer Fähigkeit, zunehmend abstrakter zu denken, weitaus komplexere Themen, u.a. auch die Physiologie des menschlichen Körpers im Mittelpunkt.

Erwartete Kompetenzen am Ende des Schuljahrgangs 4[2]

Erwartete Kompetenzen	Kenntnisse und Fertigkeiten	Mögliche Aufgaben zur Überprüfung
Die Schülerinnen und Schüler können den Aufbau des menschlichen Körpers benennen, seine grundlegenden Funktionen beschreiben und Möglichkeiten der Gesunderhaltung nennen.	Die Schüler sollen den grundlegenden Aufbau und wesentliche Funktionen des Skeletts und ausgewählter Organe kennen.	- Zuordnungen vornehmen; - Beispiele für die Funktion z.B. von Gelenken vorstellen.

Unter Einbeziehung der erworbenen Kenntnisse der Schüler aus dem Sachunterricht der Grundschule und aufgrund eigener individueller Erfahrungen im Sport oder gesundheitlichen Bereich geht es nun darum, das Grundverständnis für den eigenen Körper in seiner ganzen Komplexität weiter zu entwickeln.

Je nach Bundesland ist der Stütz- und Bewegungsapparat (Skelett, Knochen, Gelenke Muskulatur, Anatomie und Physiologie des menschlichen Körpers) im Unterrichtsfach Biologie thematischer Schwerpunkt in den Klassen 7, 8 und 9.

[1] Freistaat Sachsen – Staatsministerium für Kultus: Lehrplan Oberschule Biologie, S. 2
[2] Niedersächsisches. Kultusministerium; Kerncurriculum für die Grundschule – Schuljahrgänge 1–4 - Sachunterricht, S. 12

KOHL VERLAG Stationenlernen Skelett, Muskeln und Gelenke – Bestell-Nr. 12 348

Didaktisch-methodische Hinweise – Lehrplan/Kerncurriculum

Freistaat Sachsen: Staatsministerium für Kultus – Lehrplan Oberschule – Biologie

Ziele	
Klassenstufe 8	
Entwickeln eines Grundverständnisses für den eigenen Körper und die Rolle des Menschen in der Natur	
Lernbereich 1: Bau und Funktionen des menschlichen Körpers	**25 Ustd.**
Kennen des Grundaufbaus und der Funktion des Stütz- und Bewegungsapparates	
Skelett	Gliederung des Skeletts
Knochen	Arten, Bau und Zusammensetzung
Gelenke	Arten, allgemeiner Bau, Funktionsmodell
Muskulatur	Mikroskopieren von Muskelzellen

Die im oben genannten Lehrplan genannten Inhalte und thematischen Schwerpunkte werden in diesem Buch behandelt und anschaulich dargestellt.

Diese Schüler werden in die Lage versetzt, Verantwortung für ihre Verhaltensweisen und deren Auswirkungen auf den eigenen Körper einzuschätzen und daraus evtl. Konsequenzen zu ziehen. Skelett, Gelenke und Muskulatur werden von den Schülern auch gern für Präsentationen genutzt.

Die folgende Abbildung wird bei den Schülern erfahrungsgemäß zu spontanen und unterschiedlichen Äußerungen/Meinungen aufgrund vorhandenen Wissens und/oder persönlicher Erfahrungen führen und einen breiten Zugang zum Thema ermöglichen.

KOHL VERLAG Stationenlernen Skelett, Muskeln und Gelenke – Bestell-Nr. 12 348

Hinweise zum Einsatz des Buches

Die Inhalte und Aufgaben der einzelnen Stationen in diesem Buch decken die Kernthemen der Lehrpläne im Fach Biologie für die Klassen 7/8/9 ab.

Die Vielfalt und Praxisnähe der Aufgaben sowie die damit verbundenen unterschiedlichen Lösungswege machen ein erfolgreiches Lernen und Üben möglich. Zahlreiche Angebote zur Binnendifferenzierung ermöglichen es, auch Schüler heterogener Lerngruppen zur aktiven Mitarbeit zu motivieren. Die hier vorgestellten Stationen und Materialien sind auch für fachfremd unterrichtende Lehrer im Fach Biologie geeignet.

- Stationenlernen ist handlungsorientiert und fördert das selbstständige Lernen und Üben eines jeden Schülers – die Schüler sind hochmotiviert.
- Gleichzeitig werden biologische Arbeitsweisen wie z.B. das genaue Beobachten und Beschreiben angewendet und geübt.
- Das Stationenlernen kann im Fach Biologie gut eingesetzt werden, weil die Themen durch die Gestaltung der Stationen interessant und auch leistungsgerecht formuliert werden können, um die angestrebten Lernziele zu erreichen.

Hinweise und Tipps zum Stationenlernen

- Die Aufgabenstellungen sind überschaubar (innerhalb von 20-30 min zu bearbeiten) und ihre Lösbarkeit für den Schüler einsehbar.
- Lernfortschritte ergeben sich durch die Abfolge der Stationen. Jede Aufgabe stellt nur einen Mosaikstein (einen Ausschnitt) des Gesamten dar.
- Kleinschrittiges Lernen ist für das Stationenlernen charakteristisch.
- Die Reihenfolge der Stationen ist in der Regel nicht verbindlich festgelegt.
- Zu jeder Station liegen die Aufgaben in schriftlicher Form vor, die evtl. benötigten Hilfsmittel (Fachbücher, Lehrbuch Biologie, Medien, Computer/ Laptop) etc. werden genannt.
- Die Auswertung und Kontrolle an der jeweiligen Station folgt unmittelbar nach der Bearbeitung der Aufgaben.
- Normalerweise bearbeitet jeder Schüler die Aufgaben an seinem Pult. Es ist aber auch möglich, in Kleingruppen (3-4 Schüler) zu arbeiten (Platzangebot berücksichtigen).

Hinweise zum Einsatz des Buches

- Der Lehrer beaufsichtigt das Stationenlernen und unterstützt evtl. durch Hilfen, wenn es erforderlich ist.
- Die bearbeiteten Stationen werden vom Schüler (evtl. auch vom Lehrer) auf dem Stationenlaufzettel eingetragen.
- Das Blatt mit den bearbeiteten Aufgaben heftet der Schüler in seiner Biologiemappe ab, dadurch ergibt sich ein Gesamtbild über die behandelten Themen/ Kapitel.

Die Kapitel mit den thematischen Schwerpunkten

Skelett – Bewegungsapparat – Wirbelsäule – Muskeln – Gelenke werden anschaulich und schülergerecht gestaltet und informativ erläutert, damit die folgenden Aufgaben gelöst werden können.

Skelett

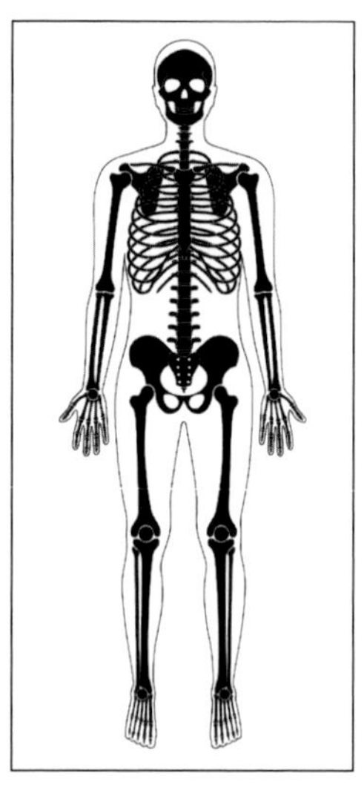

Bewegungsapparat

Wirbelsäule

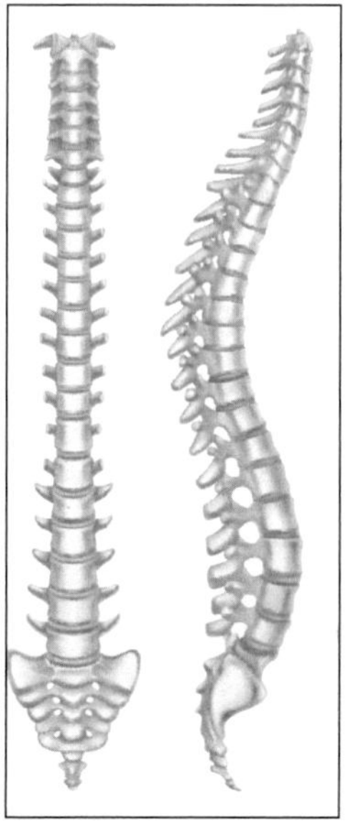

Muskeln

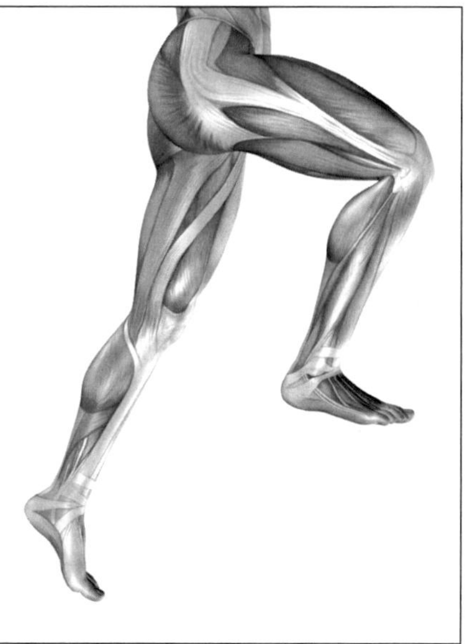

Gelenke

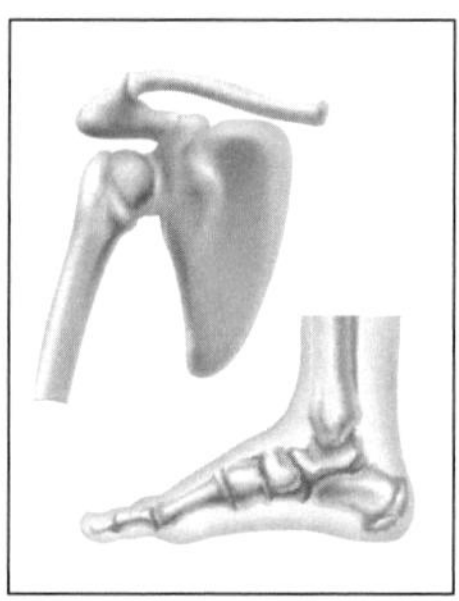

Hinweise zum Einsatz des Buches

Die einzelnen Abschnitte innerhalb eines Kapitels beginnen mit einem Infoblatt, um die Schüler auf das jeweilige Thema vorzubereiten und sie in die Lage zu versetzen, die anschließenden Fragen unter Einsatz des Schulbuches, anderer Fachbücher, des Internets und natürlich mithilfe dieses Buches zu beantworten.

Jede Station weist leicht verständliche Aufgabenstellungen auf und bietet Differenzierungsmöglichkeiten. Abbildungen, Grafiken und Skizzen sind anschaulich, unterstützend und wirken sich motivierend auf die Schüler aus.

Die sich unmittelbar anschließenden Lösungen an der jeweiligen Station unterstützen das selbstständige Lernen und Üben – ermöglichen dem Schüler ein sofortiges „Feedback".

- In der Regel sind die Stationen ohne große Vorarbeit im Unterricht einsetzbar.
- Die Stationen weisen keine fortlaufende Nummerierung auf, um einen flexiblen Einsatz zu ermöglichen und auch dem unterschiedlichen Vorwissen der Schüler gerecht zu werden.
- Grundsätzlich ist es ratsam, Kapitel für Kapitel mit Hilfe der Infoblätter zu erarbeiten und gleich im Anschluss die Aufgaben der jeweiligen Station zu bearbeiten.
- Die Stationen können in Einzel-, Partner- oder Kleingruppenarbeit bearbeitet werden.

Die Aufgabenstellungen bieten Möglichkeiten der Differenzierung

Innerhalb der Bereiche gibt es drei Schwierigkeitsstufen zur Differenzierung.

⊙ **= grundlegendes Niveau**
Die Aufgaben sollten grundsätzlich von allen Schülern bearbeitet werden.

! **= mittleres Niveau**
Die Aufgaben bieten zusätzliche Möglichkeiten und höhere Anforderungen.

★ **= erweitertes Niveau**
Die Aufgaben sind für „Experten" und beinhalten vertiefende und weiterführende Inhalte.

Die Zuordnung zu einer Schwierigkeitsstufe beruht auf eigenen Erfahrungen, sind nur Vorschläge, die der „Lehrer vor Ort" unter Berücksichtigung seiner Gruppe/Klasse auch anders vornehmen kann.

Lösungen

Die Lösungen der Aufgaben folgen grundsätzlich immer auf der Rückseite, sodass eine Korrektur schnell erfolgen kann. Die Korrektur kann vom Schüler selbst, vom Partner, einem anderen Mitschüler oder natürlich auch vom Lehrer vorgenommen werden.

Übersicht über die Stationen

Skelett

Aufgaben-Nr.	Stationsname	Niveau	Seite
1 + 2	Das menschliche Skelett	⊙ ⊙	15-16
1 + 2	Einzelne Knochen der Bereiche	! !	17-18
1	Die einzelnen Knochen des Skeletts	★	19-20

Bewegungsapparat

Aufgaben-Nr.	Stationsname	Niveau	Seite
1 + 2	Knochen – Gelenke – Muskeln	! !	25-26
1 + 2	Zusammenspiel in der Bewegung	⊙ ★	27-28

Wirbelsäule

Aufgaben-Nr.	Stationsname	Niveau	Seite
1 + 2 + 3	Die Wirbelsäule	! ⊙ ⊙	33-34
1 + 2	Teile der Wirbelsäule	! !	35-36
1 + 2 + 3	Bandscheiben	! ⊙ ★	37-38

Muskeln

Aufgaben-Nr.	Stationsname	Niveau	Seite
1 + 2	Muskeln – Funktion	⊙ !	43-44
1 + 2	Gegenspieler und Muskelarten	! ⊙	45-46
1	Namen der Skelettmuskeln	⊙	47-48
1	Wirkungen der Skelettmuskeln	★	49-50

Gelenke

Aufgaben-Nr.	Stationsname	Niveau	Seite
1 + 2	Aufbau eines Gelenks (1)	⊙ !	55-56
1 + 2	Aufbau eines Gelenks (2)	! ⊙	57-58
1	Gelenkformen und -funktionen	★	59-60
1	Namen und Gelenkformen	!	61-62

KOHL VERLAG Stationenlernen Skelett, Muskeln und Gelenke – Bestell-Nr. 12 348

Infoblatt

Der grobe Aufbau des menschlichen Skeletts

Die Knochen im menschlichen Körper sind wie ein inneres Gerüst und geben ihm Struktur. Der Mensch hat über 206 Knochen. Alle Knochen zusammen nennt man "Das Skelett".

- Das Skelett stützt und stabilisiert den Körper.
- Es schützt lebenswichtige Organe wie Gehirn, Lunge, Herz oder Leber vor Verletzungen.

Ohne ein stabiles Skelett wäre der menschliche Körper nur eine weiche und formlose Fleischmasse.

Das **Skelett** (von grie. skeletós = ausgetrockneter Körper, Mumie) eines Lebewesens ist die wichtigste Stützstruktur. Beim Menschen befindet es sich im Inneren des Körpers. Es trägt uns und ermöglicht das aufrechte Gehen, obwohl es nur einen Anteil von ca. 10-15% am Gesamtgewicht hat. Die Knochen des Skeletts sind durch Gelenke verbunden, dadurch wird unser Skelett beweglich. Zusätzlich werden dazu aber Muskeln und Sehnen benötigt. Es gibt zwei unterschiedliche Skelettarten: Das Exoskelett, das die stabile, äußere Hülle eines Organismus bildet, und das Endoskelett, das die Stützstruktur im Inneren des Körpers bildet und eines der auffälligsten gemeinsamen Merkmale der Wirbeltiere ist.

Das Skelett des Menschen wird in Kopfskelett, Rumpfskelett und Gliedmaßenskelett eingeteilt. Die Hauptstütze ist die Wirbelsäule. Die 206 Knochen des Skeletts haben je nach ihrer Funktion (Schutz, Stütze) verschiedene Formen, Größen und Beweglichkeiten.

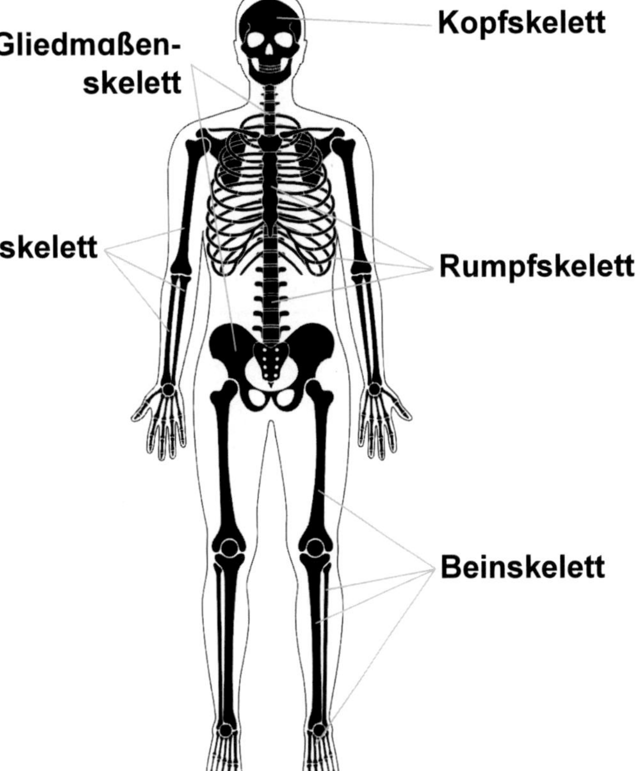

Das **Kopfskelett** besteht aus der Knochenkapsel, die das Gehirn schützt (Hirnschädel) und dem Gesichtsschädel mit Augenhöhlen, Nasenbein, Wangen- und Kieferknochen.

Das **Rumpfskelett** besteht aus der Wirbelsäule, dem Brustkorb mit dem Brustbein und den Rippen. Brustwirbel, Rippen und Brustbein bilden den Brustkorb. Die Rippen schützen Lunge und Herz und halten den Rumpf stabil.

Das **Gliedmaßenskelett** besteht aus den Knochen des Schultergürtels und des Beckens. Der Schultergürtel ist durch das Schlüsselbein am Brustkorb befestigt. Das Becken ist ein knöcherner Ring, der die Wirbelsäule stabil verankert und über das Hüftgelenk die Beine beweglich mit dem Rumpf verbindet.

Das **Armskelett** besteht aus den Oberarmknochen, der Elle und der Speiche sowie den 27 Handknochen.

Das **Beinskelett** besteht aus den Ober- und Unterschenkelknochen, der Kniescheibe und den 26 Fußknochen.

KOHL VERLAG Stationenlernen Skelett, Muskeln und Gelenke – Bestell-Nr. 12 348

Infoblatt

Die einzelnen Knochen des Skeletts

Skelett

Kurz und bündig ...
- Das Knochengerüst des Körpers nennt man „Skelett“.
- Das Skelett trägt und stützt aber nicht nur, sondern ist auch beweglich.
- Die meisten Knochen des Skeletts sind durch Gelenke, Knorpel, Bänder/Sehnen oder Muskeln miteinander verbunden.

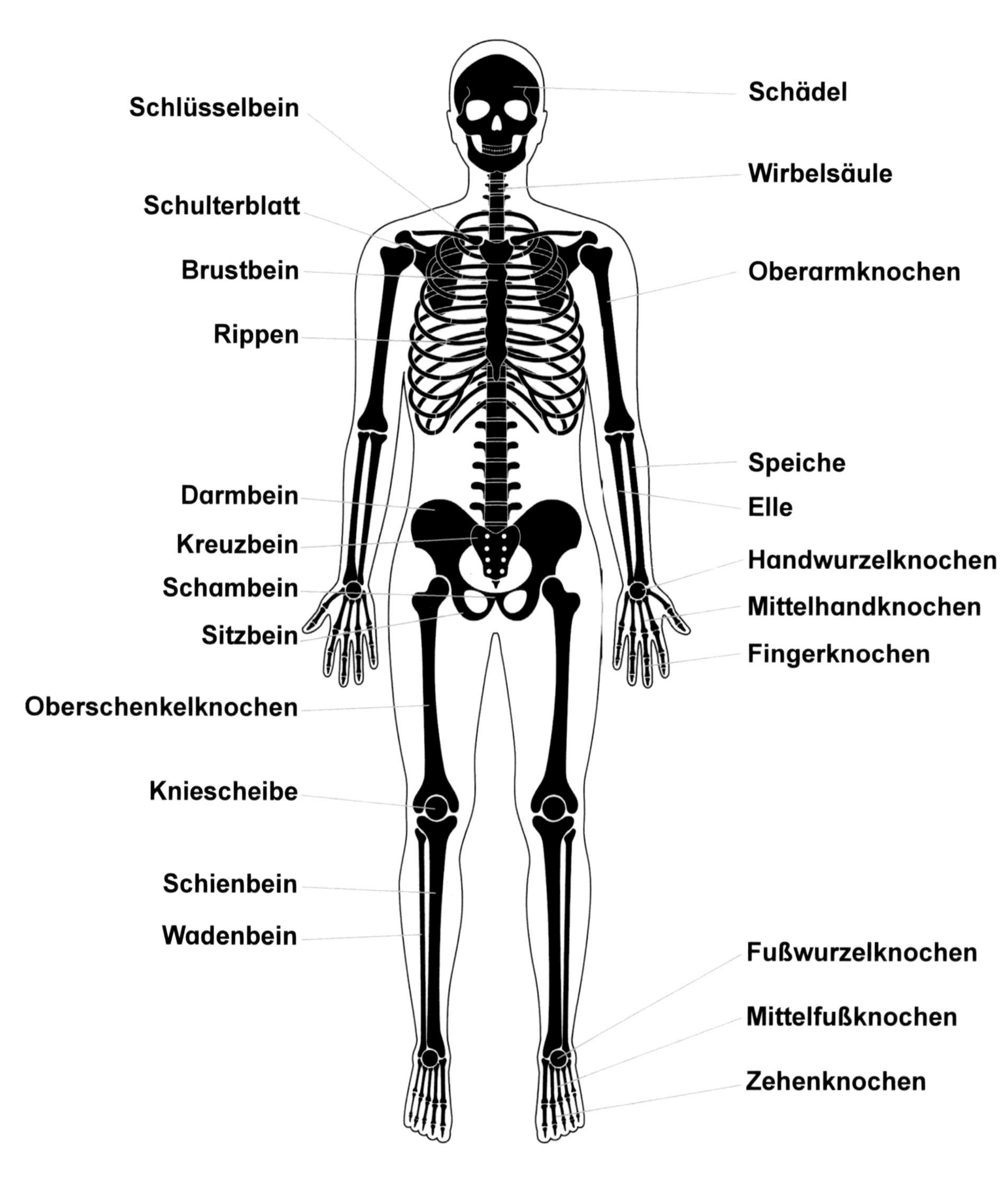

Stationenlernen

Station
Das menschliche Skelett

⊙ **Aufgabe 1**: *Verbinde die Teile zu sinnvollen Sätzen, die Buchstaben ergeben in der Spalte ganz rechts ein Lösungswort! Schreibe die vollständigen Sätze in dein Heft.*

1	Das Skelett eines Lebewesens	**B**	bildet die stabile, äußere Hülle eines Organismus.	**1**	
2	Beim Menschen befindet sich	**T**	das Exoskelett und das Endoskelett.	**2**	
3	Die Knochen des Skeletts	**U**	sind durch Gelenke verbunden.	**3**	
4	Das Skelett schützt lebenswichtige Organe	**B**	ist die wichtigste Stützstruktur:	**4**	
5	Es gibt 2 unterschiedliche Skelettarten,	**S**	wie Gehirn, Lunge, Herz, Leber vor Verletzungen.	**5**	
6	Das Exoskelett	**I**	über 206 Knochen in seinem Körper.	**6**	
7	Das Skelett des Menschen wird in	**R**	das Skelett im Inneren des Körpers.	**7**	
8	Der Mensch hat	**E**	Kopf-, Rumpf- und Gliedmaßenskelett eingeteilt.	**8**	
9	Das Skelett trägt und stützt aber nicht nur,	**N**	sondern ist auch beweglich.	**9**	

⊙ **Aufgabe 2**: *Beschrifte die Bereiche des Skeletts.*

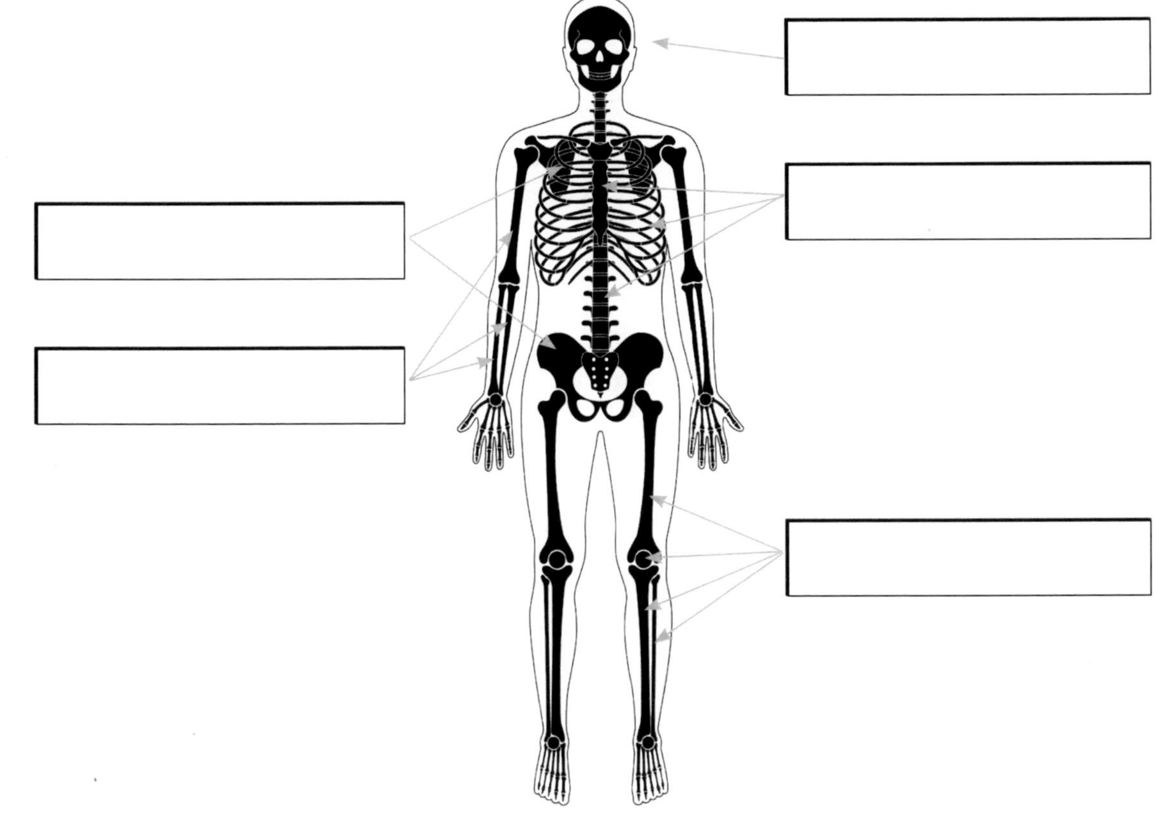

Stationenlernen Skelett, Muskeln und Gelenke – Bestell-Nr. 12 348
KOHL VERLAG

Station
Skelett

Das menschliche Skelett

– Lösung –

Aufgabe 1:

1	Das Skelett eines Lebewesens ist die wichtigste Stützstruktur:	1	B
2	Beim Menschen befindet sich das Skelett im Inneren des Körpers.	2	R
3	Die Knochen des Skeletts sind durch Gelenke verbunden.	3	U
4	Das Skelett schützt lebenswichtige Organe wie Gehirn, Lunge, Herz, Leber vor Verletzungen.	4	S
5	Es gibt 2 unterschiedliche Skelettarten, das Exoskelett und das Endoskelett.	5	T
6	Das Exoskelett bildet die stabile, äußere Hülle eines Organismus.	6	B
7	Das Skelett des Menschen wird in Kopf-, Rumpf- und Gliedmaßenskelett eingeteilt.	7	E
8	Der Mensch hat über 206 Knochen in seinem Körper.	8	I
9	Das Skelett trägt und stützt aber nicht nur, sondern ist auch beweglich.	9	N

Aufgabe 2:

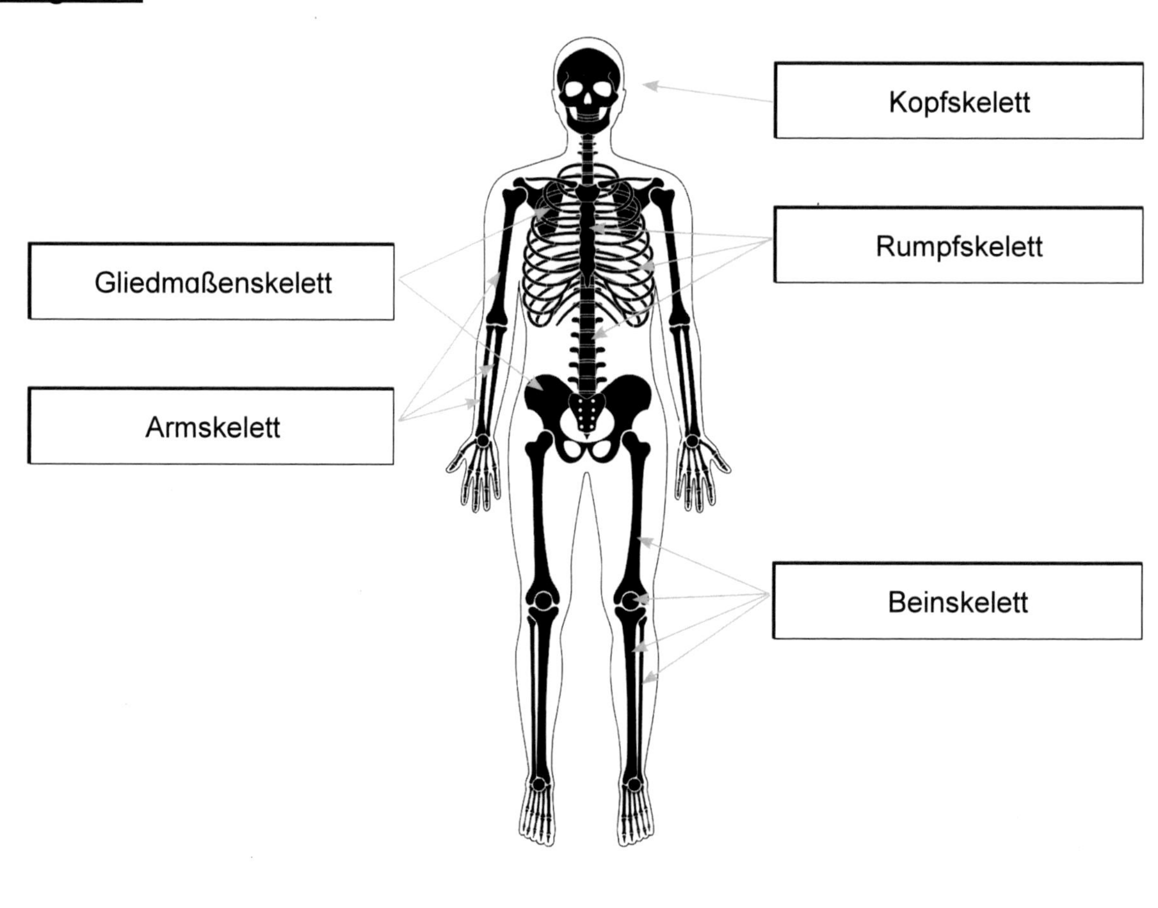

Station

Einzelne Knochen der Bereiche

! **Aufgabe 1**: *Vervollständige die Tabelle passend.*

Kopfskelett			Armskelett	
		Schultergürtel		
	Brustkorb			
				Kniescheibe
Wangen-/ Kieferknochen				

! **Aufgabe 2**: *Ordne die Bildausschnitte den Bereichen des Skeletts zu.*

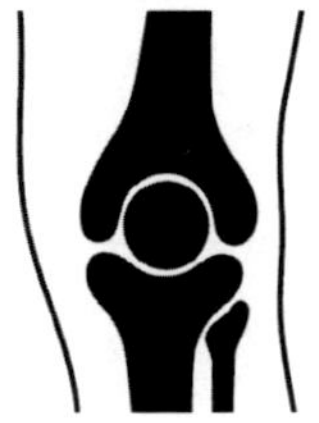	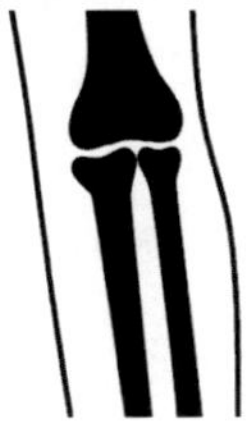	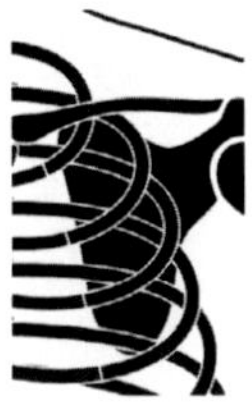	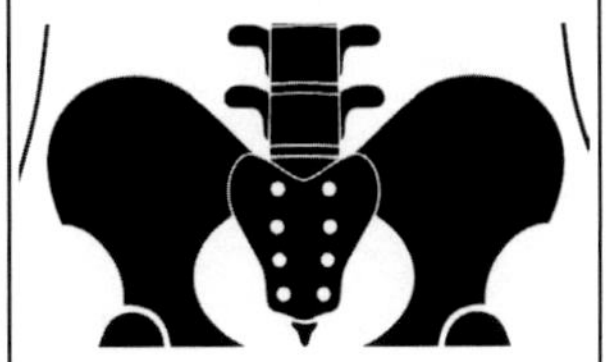

KOHL VERLAG Stationenlernen Skelett, Muskeln und Gelenke – Bestell-Nr. 12 348

Station

Einzelne Knochen der Bereiche

Skelett

– Lösung –

Aufgabe 1:

Kopfskelett	Rumpfskelett	Gliedmaßen-skelett	Armskelett	Beinskelett
Knochenkapsel	Wirbelsäule	Schultergürtel	Oberarm-knochen	Oberschenkel-knochen
Gesichts-schädel	Brustkorb	Becken	Elle	Unterschenkel-knochen
Augenhöhlen	Brustbein		Speiche	Kniescheibe
Nasenbein	Rippen		Handknochen	Fußknochen
Wangen-/ Kieferknochen				

Aufgabe 2: *Ordne die Bildausschnitte den Bereichen des Skeletts zu.*

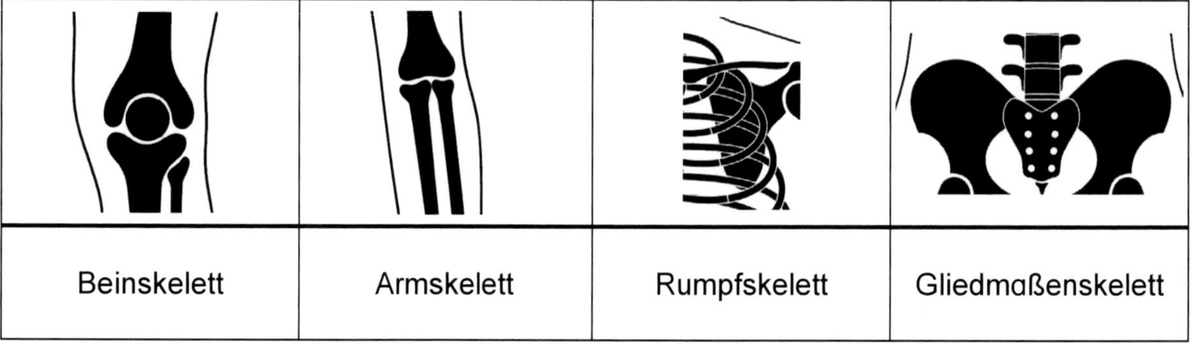

Beinskelett	Armskelett	Rumpfskelett	Gliedmaßenskelett

Die einzelnen Knochen des Skeletts

★ **Aufgabe 1**: *Beschrifte das menschliche Skelett, indem du die richtigen Namen der einzelnen Knochen einträgst. Wenn du noch mehr Knochen kennst, darfst du diese Namen natürlich auch noch dazuschreiben.*

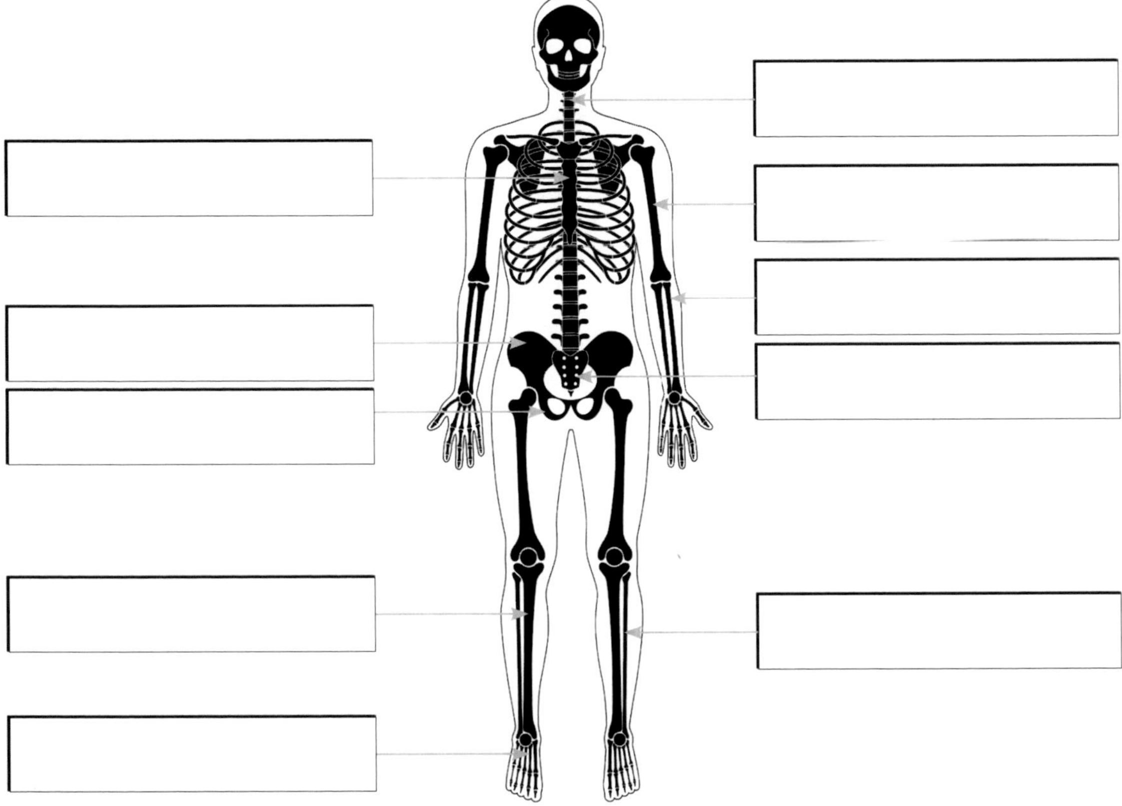

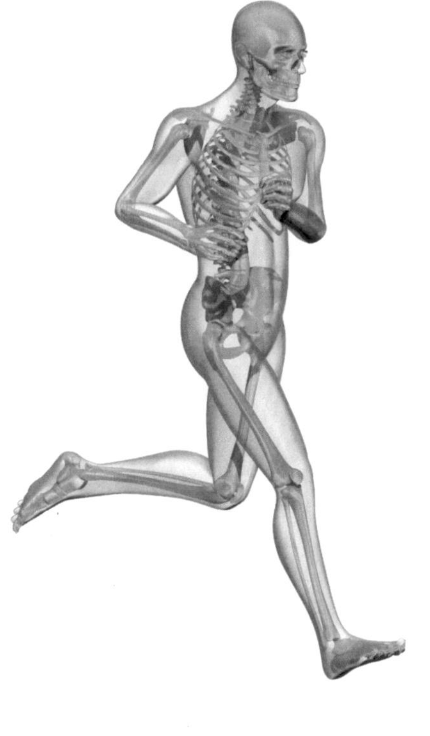

KOHL VERLAG Stationenlernen Skelett, Muskeln und Gelenke – Bestell-Nr. 12 348

Station

Die einzelnen Knochen des Skeletts

Skelett

– Lösung –

Aufgabe 1:

Wirbelsäule

Brustbein

Oberarmknochen

Speiche

Darmbein

Kreuzbein

Sitzbein

Schienbein

Wadenbein

Mittelfußknochen

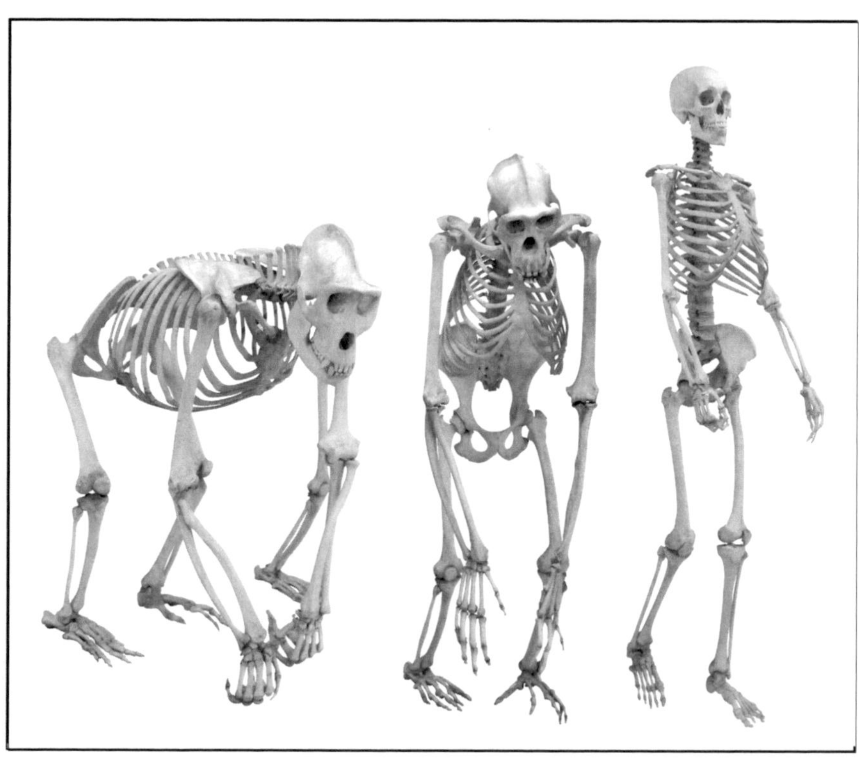

Knochen – Gelenke – Muskeln

Die Übersicht auf Seite 14 veranschaulicht die Namen und die Stellen im Skelett der wichtigsten der 206 Knochen. Damit sich der Mensch bewegen kann, sind die Knochen über Gelenke miteinander verbunden.

Knochen und Gelenke sind tragende Teile des menschlichen Bewegungsapparates.

Viele Menschen denken erst dann über ihren eigenen Bewegungsapparat nach, wenn sie Schmerzen verspüren oder andere körperliche Probleme auftreten. Manche Gelenke, wie das Kniegelenk, lassen nur Bewegungen in eine Richtung zu, andere, wie das Schultergelenk, ermöglichen größere Bewegungsfreiheiten. Vereinfacht kann man sagen, dass die Knochen ein System mobiler Hebel darstellen, dessen Teile durch bewegliche Gelenke miteinander verbunden sind.[1]

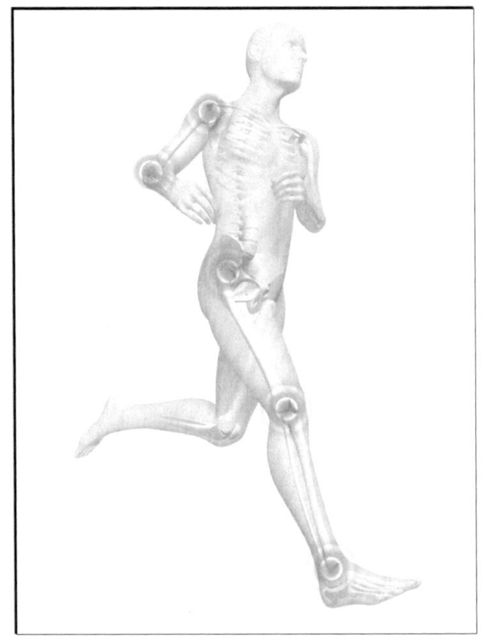

Mit Hilfe der Muskeln kann der Mensch aufrecht stehen und sich bewegen.

Bewegung ist nur mit Hilfe der willkürlichen Skelettmuskeln möglich. Sie sind am Skelett befestigt. Wenn sie sich zusammenziehen, bewegen sie bestimmte Knochen. Die meisten Muskeln sind durch Sehnen mit Knochen verbunden und ermöglichen deren Bewegung. Sie heißen Skelettmuskeln oder quergestreifte Muskeln. Der besondere Aufbau von Skelett und Muskulatur beim Menschen ermöglichen es, vielfältige alltägliche und sportliche Bewegungen auszuführen.

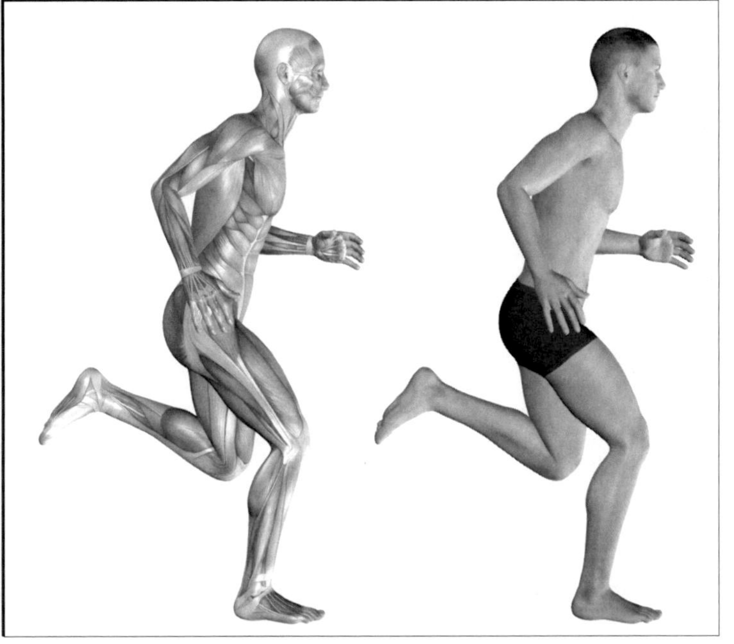

[1] Ahonen / Lahtinen / Sandström / Pogliani: Sportmedizin – Trainingslehre, S. 13

Stationenlernen Skelett, Muskeln und Gelenke – Bestell-Nr. 12 348
KOHL VERLAG

Bewegungs- und Stützfunktion

Um einen Schritt zu gehen (einen Fuß vor den anderen zu setzen) benötigt ein Mensch mehr als die Hälfte seiner 720 Muskeln, 206 Knochen und 68 Gelenke.

Alltägliche Bewegungen (Ortsveränderungen) - wie langsam oder schnell gehen/laufen, mit kleinen oder großen Schritten, Treppen steigen, einem Hindernis ausweichen und durch das Zusammenspiel der Muskeln im Gleichgewicht bleiben - sind genauso möglich wie feinmotorische Bewegungen: Schreibbewegungen, Tippen auf einer Tastatur und Klavierspielen. Heute arbeiten viele Menschen im Sitzen und verbringen auch ihre Freizeit wiederum im Sitzen. Auch Schüler sitzen zu viel und zu lange, deshalb ist die richtige Körperhaltung im Alltag besonders zu beachten, um Haltungsschäden des Bewegungsapparates vorzubeugen bzw. diese zu verhindern.

Der Begriff „Bewegungsapparat" beschreibt die enge funktionelle Kopplung von Skelett und Muskelsystem (Muskulatur). Das komplexe Organsystem „Bewegungsapparat" umfasst Muskeln und Sehnen genauso wie die Knochen, Gelenke, Bandscheiben und Bänder. Der Bewegungsapparat des Menschen sorgt dafür, dass wir uns fortbewegen, aktiv betätigen und auch Sport ausüben können. Damit der Mensch sich nach seinem Willen bewegen kann, werden Impulse, die vom Gehirn ausgehen, über die Nerven des Rückenmarks (das willkürliche Nervensystem) an die Muskeln weitergeleitet.

Der aktive und passive Bewegungs- und Stützapparat ermöglicht Haltung, Sicherung und Bewegung des Körpers.

- Zum passiven Bewegungsapparat gehören das knöcherne Skelett mit den einzelnen Knochen und Gelenken. Knochen und Gelenke sind tragende und wichtige Teile des menschlichen Bewegungsapparates. Der passive Bewegungsapparat (Stützapparat) dient in erster Linie der Stützung bzw. Formgebung des Körpers.

- Zum aktiven Bewegungsapparat zählen Skelettmuskulatur, Sehnen, Schleimbeutel und Faszien[2]. Der aktive Bewegungsapparat dient in erster Linie der Bewegung.

- Grundsätzlich gehören zum Bewegungsapparat des Menschen alle inneren Teile des Körpers, die für Bewegung erforderlich sind.

- Somit umfasst der Bewegungsapparat Muskeln und Sehnen genauso wie Knochen, Knorpel, Gelenke, Bandscheiben und Bänder.

[2]Als Faszie bezeichnet man eine flächige, derbe Hüllschicht aus Bindegewebe, die einzelne Muskeln, Muskelgruppen oder ganze Körper-abschnitte umgeben kann (= dünne, sehnenartige Muskelhaut)

Erhalt des Bewegungsapparats

Unsere Bewegungen werden durch das Zusammenspiel verschiedener Anteile des Bewegungsapparates möglich. Um die Knochen bewegen zu können, besitzt der Körper Muskeln, Sehnen und Bänder: das ist der aktive Bewegungsapparat. Die meisten Menschen nehmen im Alltag überhaupt nicht wahr, wie wunderbar unser Körper/Bewegungsapparat funktioniert und zu welchen Leistungen er fähig ist. Mit zunehmendem Alter kann es auch zu Problemen und zu Erkrankungen des Bewegungsapparates kommen. Alle Erkrankungen, die mit den Knochen, Muskeln oder Sehnen zu tun haben, sind Erkrankungen des Bewegungsapparates (Arthrose[3], Bandscheibenvorfall, Osteoporose etc.).

Tipp:

Treibe regelmäßig, aber mäßig Sport. Das stärkt und kräftigt den aktiven und passiven Bewegungsapparat.

- **→ Muskeln kräftiger**
- **→ Sehnen/Bänder widerstandsfähiger**
- **→ neue Knochenmasse**
- **→ Knochen stabiler**

[1]Arthrose führt zu Schmerzen und Steifheit in den Gelenken.

KOHL VERLAG Stationenlernen Skelett, Muskeln und Gelenke – Bestell-Nr. 12 348

Übersicht zum Merken

Merke:

→ Bewegung wird möglich durch Zusammenwirken verschiedener Anteile des Bewegungsapparates.

→ Die (willkürlich steuerbare) Skelettmuskulatur ist durch Sehnen an den Knochen befestigt, die über Gelenke miteinander verbunden sind.

→ Durch Zusammenziehen der Muskulatur werden die jeweiligen Knochen gegeneinander bewegt.

Bewegung

= Zusammenspiel von Knochen, Muskeln und Gelenken

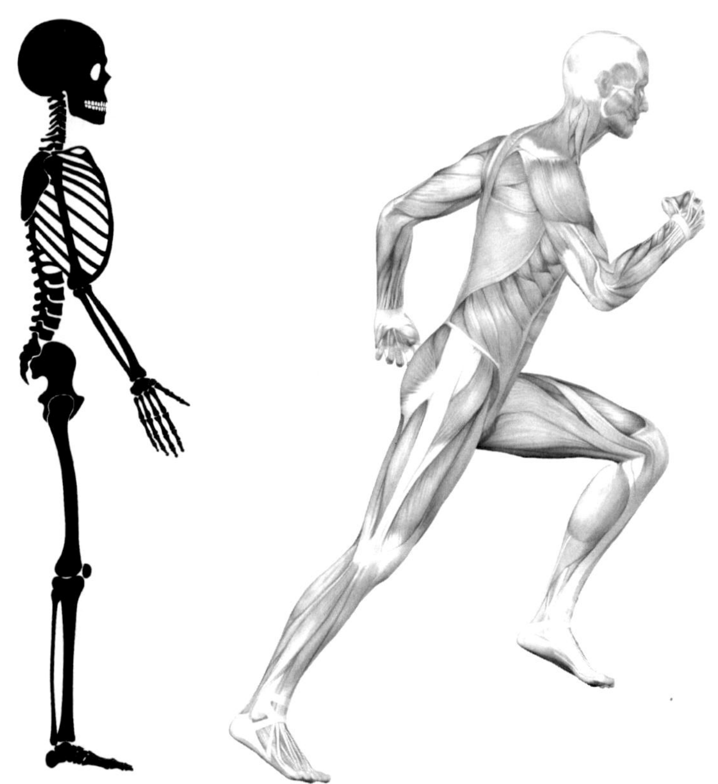

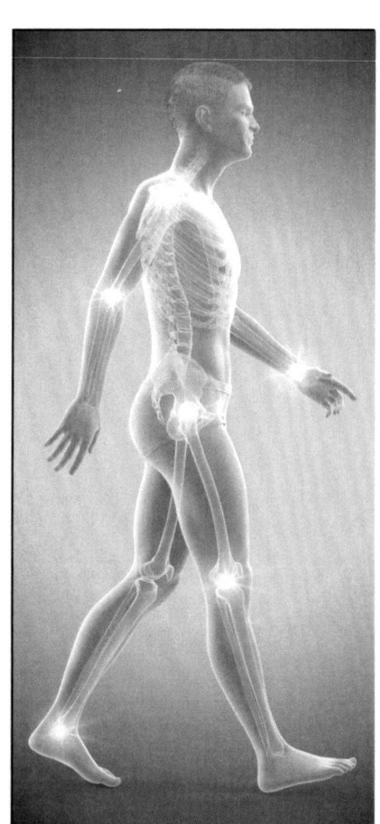

Knochen Muskeln Gelenke

! **Aufgabe 1**: *Nenne die Namen der Knochen von 1–9.*

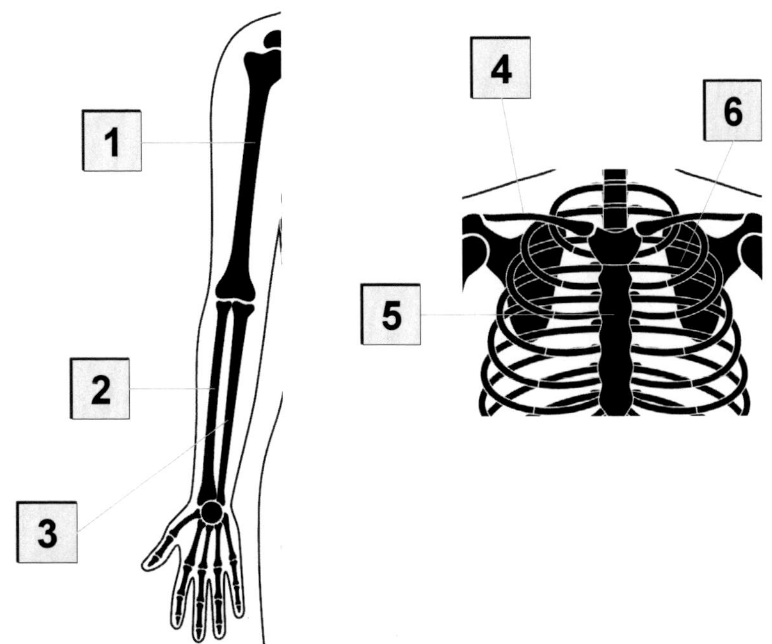

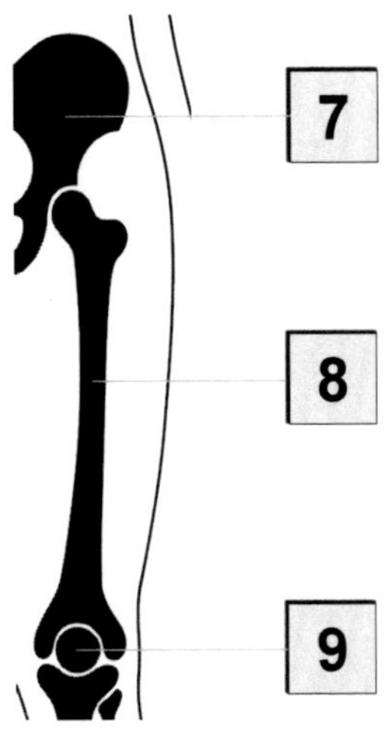

1		4		7	
2		5		8	
3		6		9	

! **Aufgabe 2**: *Schreibe die Wörter an die richtigen Stellen im Text.*

Muskeln – stärkt – Bänder – übt – Gelenke – Skelettmuskulatur – Sehnen – Bewegungsapparates – passiven – kräftigt – stehen – miteinander – trainiert – aktiven – Skelett – Bandscheiben – Knochen

Das menschliche ______________ besteht aus 206 ______________. Die Knochen und ______________ sind tragende Teile des menschlichen ______________________. Die Knochen sind über Gelenke ________________ verbunden. Mit Hilfe der __________ kann der Mensch aufrecht ___________ und sich bewegen. Bewegung ist nur mit Hilfe der ______________________ möglich. Das komplette Organsystem „Bewegungsapparat“ umfasst Muskeln und ____________ genauso wie die Knochen, Gelenke, ___________________ und ____________. Der menschliche Bewegungsapparat setzt sich aus dem ___________ und _____________ Bewegungs- und Stützapparat zusammen. Wer regelmäßig _______ und __________ , __________ und _____________ seinen aktiven und passiven Bewegungsapparat.

Stationenlernen Skelett, Muskeln und Gelenke – Bestell-Nr. 12 348
KOHL VERLAG

Station
Knochen – Gelenke - Muskeln

– Lösung –

Aufgabe 1:

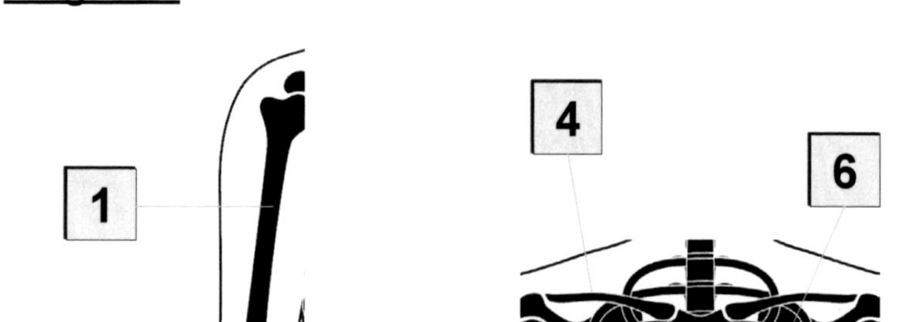

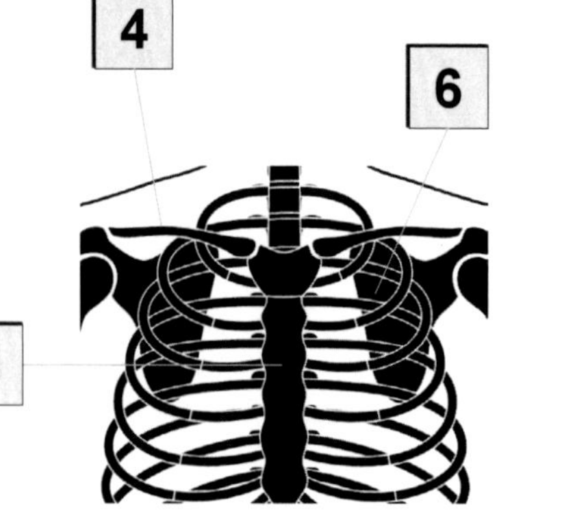

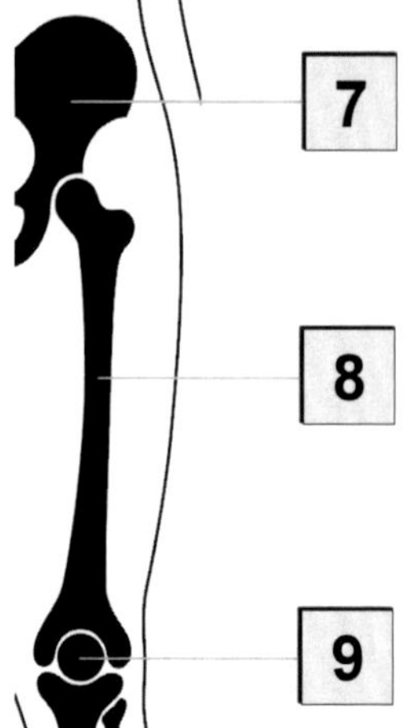

1	Oberarmknochen	4	Schlüsselbein	7	Becken
2	Speiche	5	Brustbein	8	Oberschenkelknochen
3	Elle	6	Rippe	9	Kniescheibe

Aufgabe 2:

Das menschliche **Skelett** besteht aus 206 **Knochen**. Die Knochen und **Gelenke** sind tragende Teile des menschlichen **Bewegungsapparates**. Die Knochen sind über Gelenke **miteinander** verbunden. Mit Hilfe der **Muskeln** kann der Mensch aufrecht **stehen** und sich bewegen. Bewegung ist nur mit Hilfe der **Skelettmuskulatur** möglich. Das komplette Organsystem „Bewegungsapparat" umfasst Muskeln und **Sehnen** genauso wie die Knochen, Gelenke, **Bandscheiben** und **Bänder.** Der menschliche Bewegungsapparat setzt sich aus dem **aktiven** und **passiven** Bewegungs- und Stützapparat zusammen. Wer regelmäßig **übt** und **trainiert, stärkt** und **kräftigt** seinen aktiven und passiven Bewegungsapparat.

Station

Bewegungsapparat

Zusammenspiel in der Bewegung

⦿ **Aufgabe 1**: *Verbinde die Teile zu sinnvollen Sätzen, die Buchstaben ergeben in der Spalte ganz rechts ein Lösungswort! Schreibe die vollständigen Sätze in dein Heft.*

1	Bewegung ist nur
2	Die meisten Muskeln
3	Damit sich der Mensch bewegen kann,
4	Der Bewegungsapparat umfasst Muskeln und
5	Zum passiven Bewegungsapparat
6	Zum aktiven Bewegungs-apparat zählen
7	Bewegungen werden durch Zusammenspiel
8	Willkürliche Muskeln sind willentlich und bewusst

I	die Skelettmuskulatur, die Sehnen, Schleimbeutel und Faszien.
I	Sehnen genauso wie Knochen, Gelenke und Bänder.
A	sind die Knochen über Gelenke miteinander verbunden.
T	mit Hilfe der Skelettmuskulatur möglich.
G	von uns beeinflussbar und können gesteuert werden.
N	gehören das knöcherne Skelett mit den Knochen und Gelenken.
R	sind durch Sehnen mit Knochen verbunden.
N	verschiedener Anteile des Bewegungsapparates möglich.

1	
2	
3	
4	
5	
6	
7	
8	

★ **Aufgabe 2**: *Nenne jeweils das Gelenk sowie alle sichtbaren Knochen, Muskeln und Sehnen.*

	Gelenk	sichtbare Knochen	sichtbare Muskeln und Sehnen

Zusammenspiel in der Bewegung

– Lösung –

Aufgabe 1:

1	Bewegung ist nur mit Hilfe der Skelettmuskulatur möglich.	1	T
2	Die meisten Muskeln sind durch Sehnen mit Knochen verbunden.	2	R
3	Damit sich der Mensch bewegen kann, sind die Knochen über Gelenke miteinander verbunden.	3	A
4	Der Bewegungsapparat umfasst Muskeln und Sehnen genauso wie Knochen, Gelenke und Bänder.	4	I
5	Zum passiven Bewegungsapparat gehören das knöcherne Skelett mit den Knochen und Gelenken.	5	N
6	Zum aktiven Bewegungsapparat zählen die Skelettmuskulatur, die Sehnen, Schleim- beutel und Faszien.	6	I
7	Bewegungen werden durch Zusammenspiel verschiedener Anteile des Bewegungsapparates möglich.	7	N
8	Willkürliche Muskeln sind willentlich und bewusst von uns beeinflussbar und können gesteuert werden.	8	G

Aufgabe 2: *Nenne jeweils das Gelenk sowie alle sichtbaren Knochen, Muskeln und Sehnen.*

	Gelenk	sichtbare Knochen	sichtbare Muskeln und Sehnen
	Kniegelenk	Oberschenkelknochen, Kniescheibe, Wadenbein, Schienbein	keine
	Ellenbogengelenk	Oberarmknochen, Elle, Speiche	Bizeps, Trizeps
	Schultergelenk	Rippen, Schulterblatt, Schlüsselbein, Oberarmknochen	Bizeps, Trizeps
	Fußgelenk	Schienbein, verschiedene Fußknochen	Wadenmuskel, Achillessehne

Infoblatt

Die menschliche Wirbelsäule

Die Wirbelsäule bildet die „knöcherne Mitte" des menschlichen Körpers. Dieses axiale[1] Stützorgan unseres Körpers wird durch eine feste, jedoch in sich weitgehend gegliederte biegsame doppelt S-förmige Säule gebildet[2]. Durch die doppel-S-förmige Krümmung der Wirbelsäule können Stöße, z.B. beim Springen oder Fallen auf die Füße gut abgefangen werden.
Die Wirbelsäule stabilisiert den Rumpf, hält den Körper aufrecht, verbindet verschiedene Teile des Skeletts wie den Kopf, den Brustkorb, das Becken, die Schultern und die Arme und Beine miteinander und bietet dem Rückenmark einen knöchernen Schutz vor Verletzungen.

Von vorne betrachtet ist die Wirbelsäule gerade – von der Seite betrachtet hat sie dagegen eine doppelte S-Form.

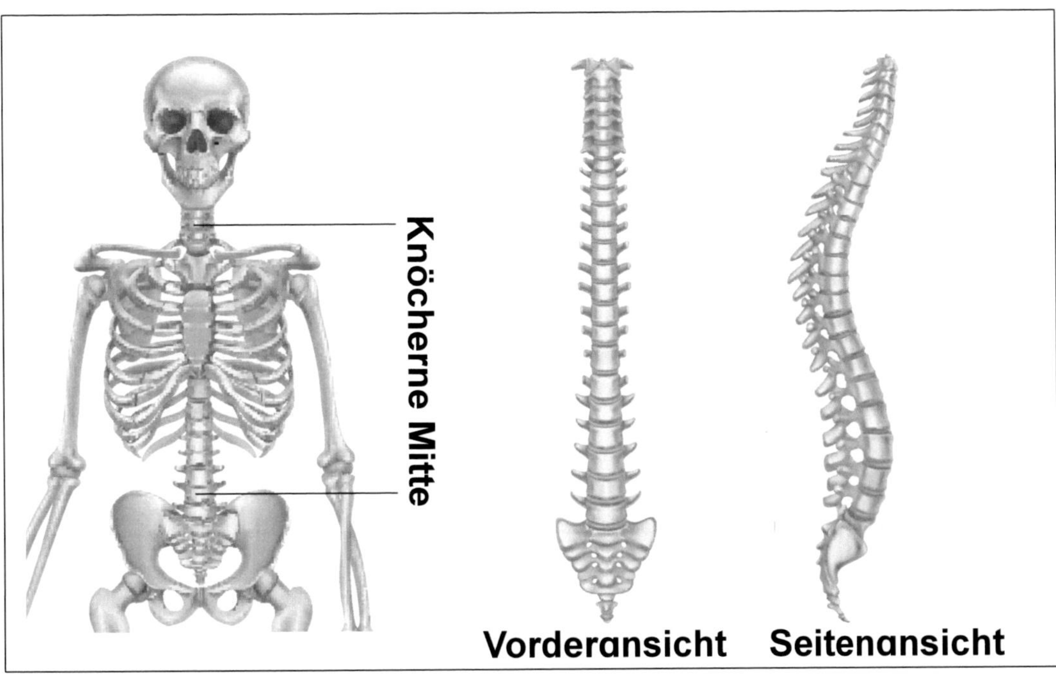

Wenn man den Rumpf von der Seite betrachtet, liegt die Wirbelsäule im hinteren Bereich des Körpers. Grob unterscheidet man bei der Wirbelsäule einen beweglichen und einen unbeweglichen Teil. Hals-, Brust- und Lendenwirbelsäule sind beweglich, Kreuzbein und Steißbein sind starr. Für die Beweglichkeit der Wirbelsäule sorgen die zwischen den Wirbeln befindlichen Bandscheiben.

Die Wirbelsäule (= Rückgrat) ist etwas ganz Besonderes.

Sie besteht aus 33-34 knöchernen Teilstücken – den Wirbeln, die durch die Bandscheiben miteinander verbunden sind. Diese elastischen „Stoßdämpfer" bilden zusammen mit den einzelnen Wirbelkörpern die biegsame „Säule", die vom Hals bis zum unteren Ende des Rückens reicht. Muskeln und Bänder verbinden die Wirbel zusätzlich miteinander und sorgen dafür, dass unser Rückgrat beweglich ist.

[1] axial bedeutet „in Richtung einer Achse" (z.B. einer Körper-, Gliedmaßen-, Organachse) oder „eine Achse betreffend".
[2] Tittel, K.: Beschreibende und funktionelle Anatomie des Menschen, S. 75

KOHL VERLAG Stationenlernen Skelett, Muskeln und Gelenke – Bestell-Nr. 12 348

Abschnitte der Wirbelsäule

Die menschliche Wirbelsäule besteht aus 33-34 Wirbeln und wird in 5 Abschnitte unterteilt.

Halswirbelsäule (HWS) = 7 Halswirbel
Die 7 Halswirbel ermöglichen dem Kopf ein Höchstmaß an Beweglichkeit, z.B. sich seitlich zu wenden und sich nach vorn und hinten zu neigen.

Brustwirbelsäule (BWS) = 12 Brustwirbel
Die Brustwirbel bilden die Mitte der Wirbelsäule. Jeder Brustwirbel ist mit einem Rippenpaar verbunden.

Lendenwirbelsäule (LWS) = 5 Lendenwirbel
Die Lendenwirbel sind von allen Wirbeln am größten und tragen das größte Gewicht. Sie machen es möglich, dass wir unseren Körper beugen, biegen oder drehen können. Man denke hierbei an sportliche Bewegungsabläufe wie „Flick-Flack"oder Diskuswurf.

Kreuzbein = 5 Wirbel (wachsen zu einem einheitlichen Knochen zusammen)
Sie liegen zwischen Lendenwirbel und Steißbein, sind untereinander und mit dem Becken fest verwachsen, dadurch geben sie dem Rumpf Stabilität.

Steißbein = 4-5 Wirbel (sind miteinander verwachsen)
Man vermutet, dass das Steißbein ein Überbleibsel unserer Vorfahren ist, die noch einen Schwanz hatten. Beim Menschen sind die 3-4 verwachsenen Wirbel funktionslos.

Die Wirbel sind unterschiedlich
Halswirbel, die nur wenig Gewicht tragen oder beweglich sein müssen, sind anders geformt und kleiner als Wirbel, die mehr Gewicht tragen müssen, deshalb kräftiger sind - aber nur wenig Bewegung zulassen.

> **Merke:**
> **Die 24 Hals-, Brust- und Lendenwirbel bleiben ein Leben lang beweglich, außer durch Verletzungen, Unfälle oder Krankheiten.**

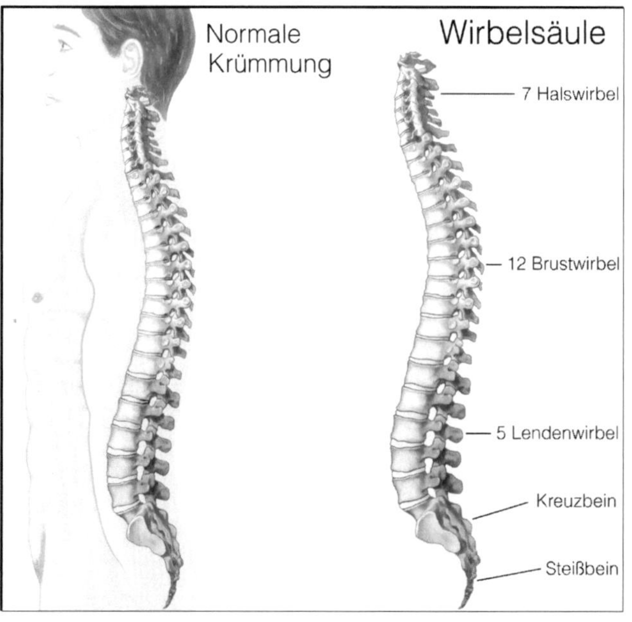

Die Wirbelsäule liegt im hinteren Bereich des Körpers

Infoblatt

Wirbel und Bandscheiben

Wirbel – Wirbelkörper

Die Wirbelsäule hat zwei grundsätzliche Aufgaben: Sie hält den Körper aufrecht und trägt die Last von Kopf, Rumpf und Armen. Außerdem dient sie aber als Schutz für das im Wirbelkanal verlaufende Rückenmark.
Die Wirbelsäule ist aus verschiedenen Einzelelementen zusammengesetzt. Diese bestehen einerseits aus festem Knochen (Wirbelkörper) und aus relativ weichem Knorpel (Bandscheiben). Jeder Wirbel ist nach dem gleichen Grundschema aufgebaut.
Er besteht immer aus dem Wirbelkörper, dem Wirbelbogen, 2 Querfortsätzen, einem Dornfortsatz und 4 Gelenkfortsätzen. Die Wirbelkörper bilden den tragenden und stützenden Teil der Wirbelsäule.

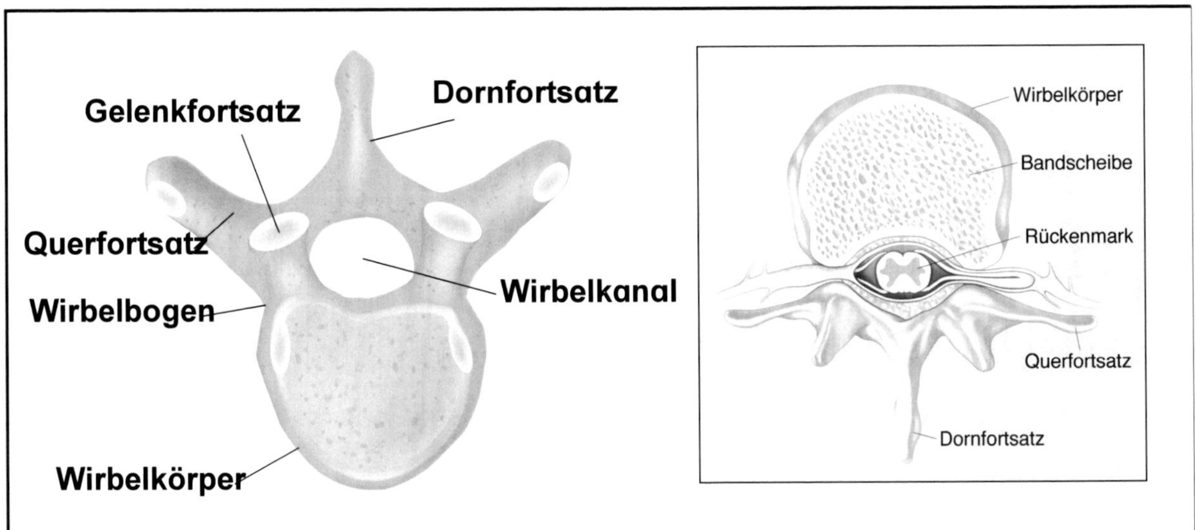

Bandscheiben - Zwischenwirbel

Zwischen je zwei benachbarten Wirbeln liegen die druckelastischen Bandscheiben aus Knorpelgewebe. Die Bandscheiben bestehen aus einem Faserring (1) und einem Gallertkern (2). Die Bandscheiben werden häufig auch als Zwischenwirbel bezeichnet. Der Faserring ist mit dem Wirbelkörper (3)verwoben und kräftigt dadurch die Wirbelsäule. Der Gallertkern wirkt wie ein Kissen, das Stöße abfängt und entstehenden Druck ausgleicht.

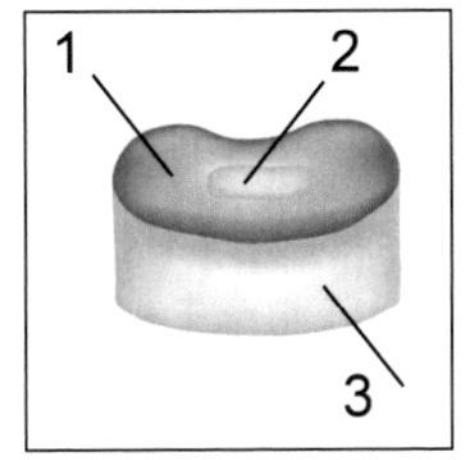

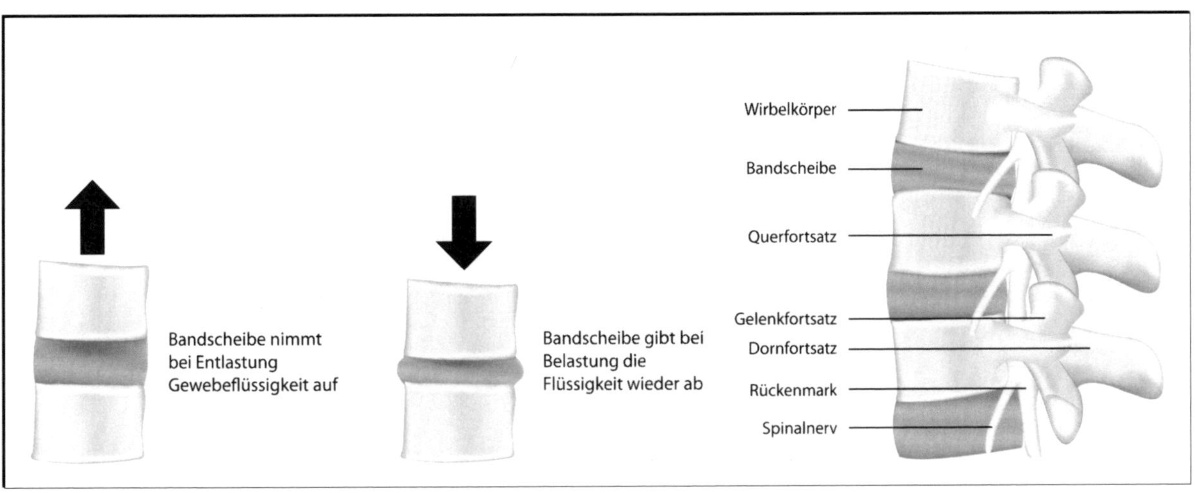

Stationenlernen Skelett, Muskeln und Gelenke – Bestell-Nr. 12 348
KOHL VERLAG

Richtige Rückenhaltung

Tipp: Bewegung und Sport erhalten und fördern die Gesundheit des Stütz- und Bewegungssystems. Durch sportliche Aktivitäten werden die Muskeln gekräftigt und Gelenke beweglich gehalten, Atmung, Herz und Kreislauf trainiert. Außerdem kann meistens Übergewicht vermieden und eine gute Körperfigur bzw. -haltung erreicht werden.

Rückenfreundliches Verhalten ist gut für Wirbel und Bandscheiben!

Druck auf die Bandscheiben in bar nach Dr. H.-J. Wilke, Univ. Ulm	
1,0	auf dem Rücken liegen
1,2	auf der Seite liegen
2,7	lässig sitzen
4,6	bequem ohne Lehne sitzen
5,0	entspannt stehen
8,3	vorgebeugt sitzen
11,0	vorgebeut stehen
11,0	20 kg am Körper halten
17,0	20 kg mit geradem Rücken heben
23,0	20 kg mit rundem Rücken heben

Falsch

Richtig

Falsch

Richtig

Falsch

Richtig

Falsch *Richtig*

Falsch

Richtig

Station
Die Wirbelsäule

! **Aufgabe 1**: *Suche in der Wortwolke die Begriffe heraus, die zur Wirbelsäule gehören, und ordne sie alphabetisch.*

⦿ **Aufgabe 2**: *Beschrifte den Aufbau der Wirbelsäule mit den richtigen Begriffen.*

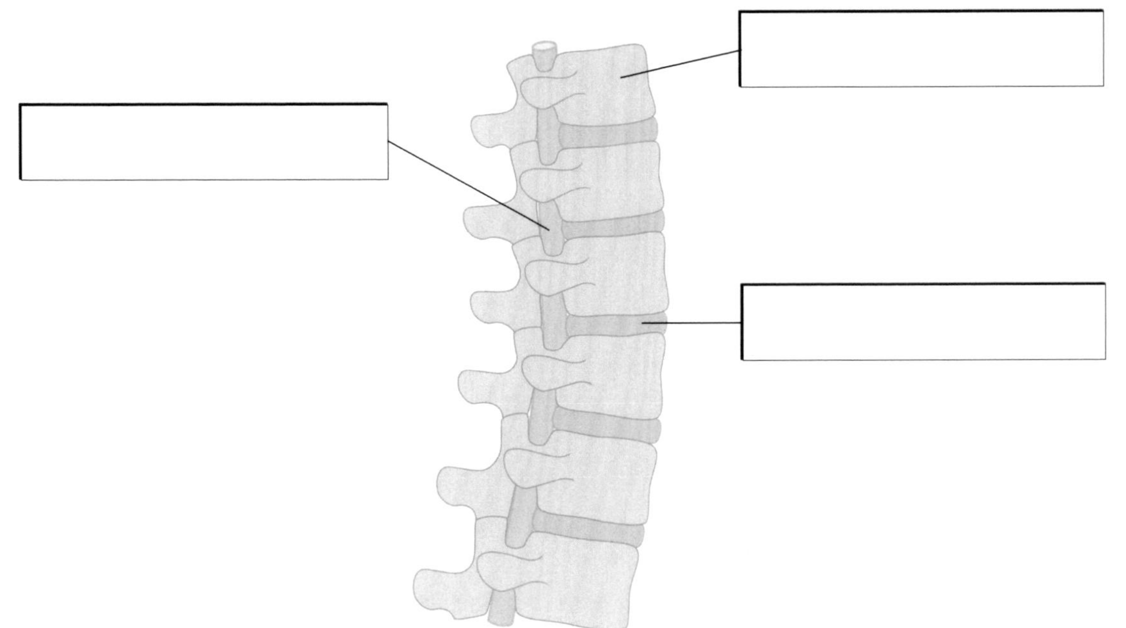

⦿ **Aufgabe 3**: *Welcher Buchstabe erinnert dich an die Form der Wirbelsäule? Kreuze an.*

L	T	S	C

KOHL VERLAG
Stationenlernen
Skelett, Muskeln und Gelenke – Bestell-Nr. 12 348

Station
Die Wirbelsäule

– Lösung –

Aufgabe 1: Bandscheibe – Brustwirbelsäule – Halbwirbel – Halswirbelsäule – Kreuzbein – Lendenwirbelsäule – Rückenmark – Steißbein – Wirbelbogen – Wirbelbogengelenk – Wirbelkanal – Wirbelsäule

Aufgabe 2:

Wirbelkörper

Rückenmark

Bandscheibe

Aufgabe 3: Der Buchstabe **S**

Station
Teile der Wirbelsäule

! **Aufgabe 1**: *Beschrifte die beiden Bilder.*

a)

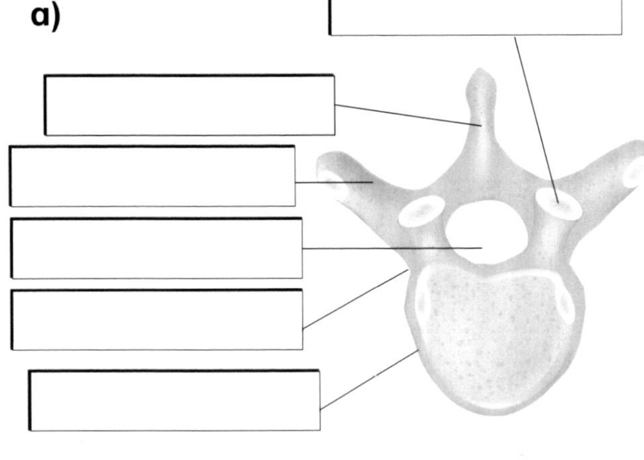

b)

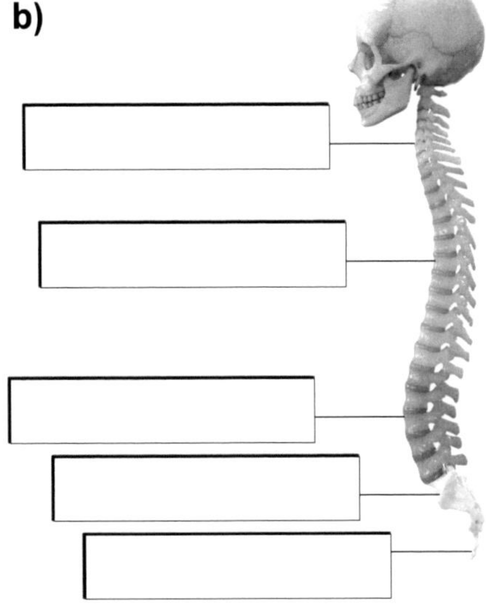

! **Aufgabe 2**:

a) *Schau im Internet nach und erkläre die Begriffe.*

Lordose = ______________________________

Kyphose = ______________________________

Hohlkreuz = ______________________________

Rundrücken = ______________________________

b) *Trage die Begriffe von Teil a) an den richtigen (zum Teil mehreren) Stellen ein.*

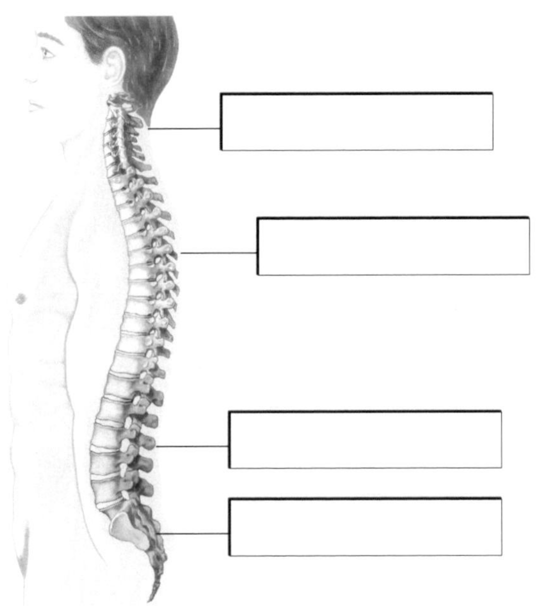

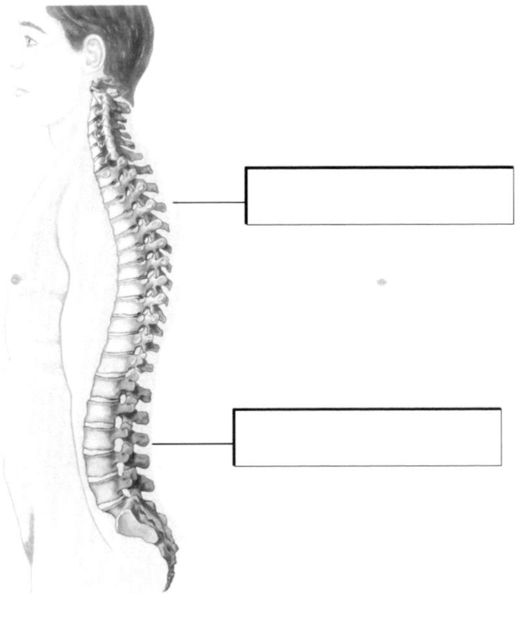

Teile der Wirbelsäule

– Lösung –

Aufgabe 1:

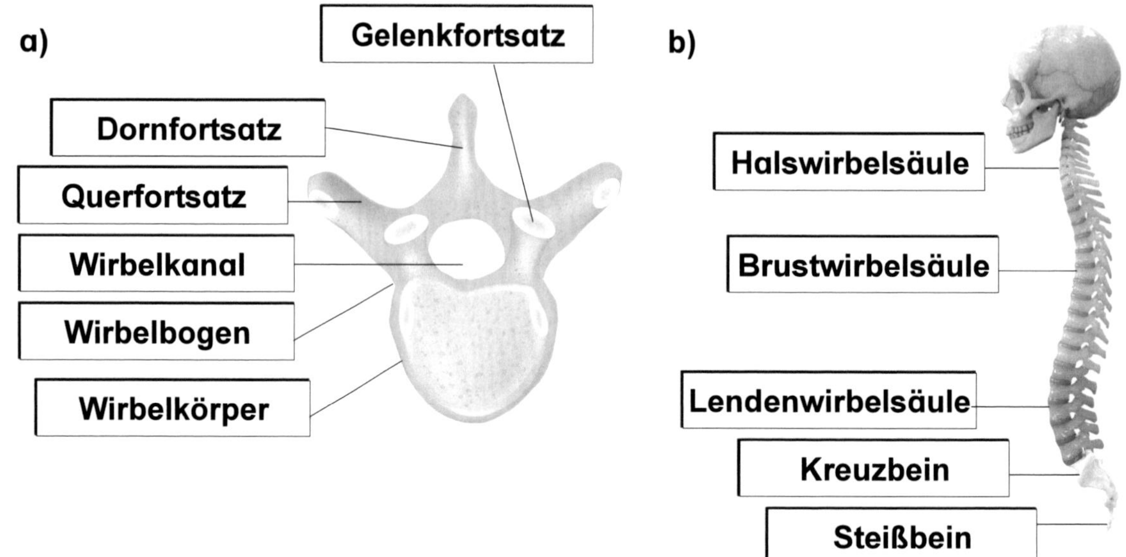

Aufgabe 2:

a)

Lordose = Krümmung der Wirbelsäule nach vorn

Kyphose = Krümmung der Wirbelsäule nach hinten

Hohlkreuz = verstärkte Lordose

Rundrücken = verstärkte Kyphose

b)

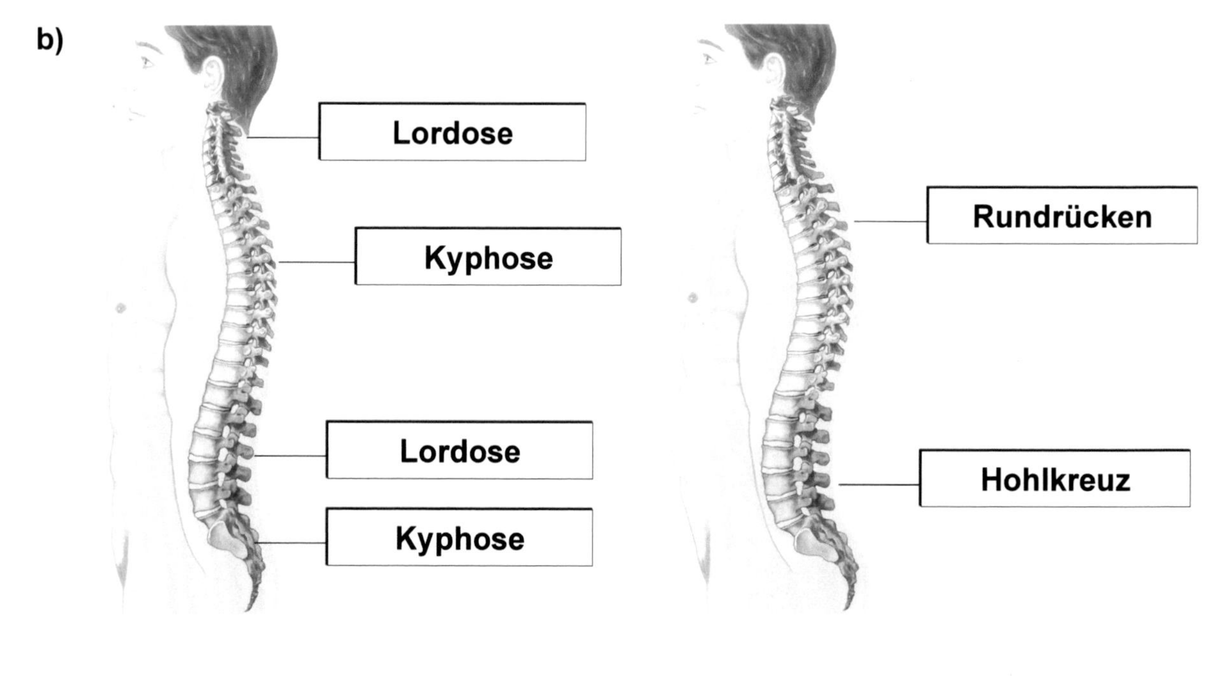

! **Aufgabe 1**: *Schreibe die Wörter an die richtigen Stellen im Text.*

Stoßdämpfer • doppel-S-förmige • dicke Ringe • Rückenmark • Gallertkern • Kanal
Bandscheiben • Belastungen • Abstand • besondere • Stöße

Die aufrechte Haltung wird durch die ______________ Form der Wirbelsäule ermöglicht. Von der Seite betrachtet weist die Wirbelsäule eine ______________________ Krümmung auf und kann dadurch ________________ , ___________ und Verwringungen besser auffangen. Die Wirbelkörper sind wie _________________ gebaut und liegen so aufeinander, dass sie zusammen einen _____________ bilden, in dem gut geschützt das _________________ verläuft. Zwischen den einzelnen Wirbeln befinden sich die ____________________. Wie _______________ fangen sie Erschütterungen federnd ab. Jede Bandscheibe besteht aus zwiebelartig kreisförmig angelegten Knorpelschichten, in deren Zentrum der ______________ liegt. Durch die Bandscheiben werden die Wirbelkörper auf _____________ gehalten.

⊙ **Aufgabe 2**: *Beschrifte die Bandscheibe.*

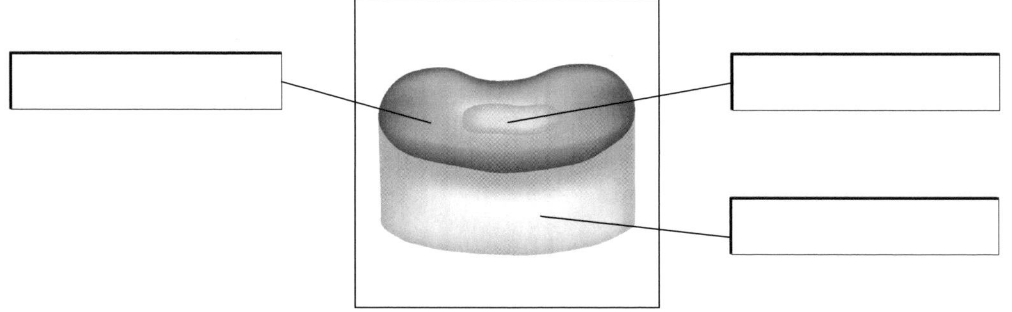

★ **Aufgabe 3**: *Was ist hier passiert und welche Auswirkungen hat das?*

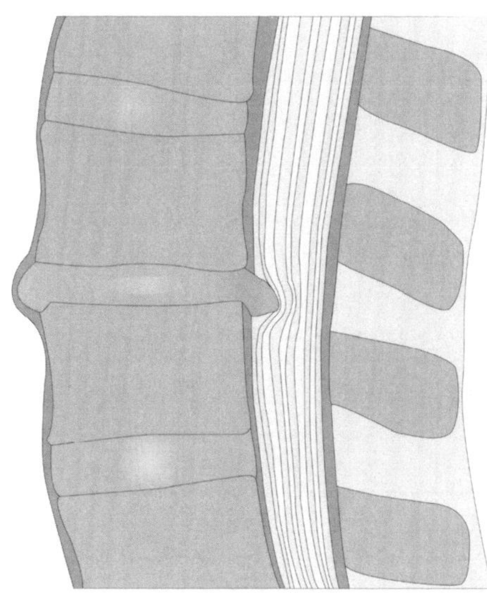

____

____

____

____

____

____

____

____

KOHL VERLAG Stationenlernen Skelett, Muskeln und Gelenke – Bestell-Nr. 12 348

Station
Bandscheiben

– Lösung –

Aufgabe 1:

Die aufrechte Haltung wird durch die **besondere** Form der Wirbelsäule ermöglicht. Von der Seite betrachtet weist die Wirbelsäule eine **doppel-S-förmige** Krümmung auf und kann dadurch **Belastungen, Stöße** und Verwringungen besser auffangen. Die Wirbelkörper sind wie **dicke Ringe** gebaut und liegen so aufeinander, dass sie zusammen einen **Kanal** bilden, in dem gut geschützt das **Rückenmark** verläuft. Zwischen den einzelnen Wirbeln befinden sich die **Bandscheiben**. Wie **Stoßdämpfer** fangen sie Erschütterungen federnd ab. Jede Bandscheibe besteht aus zwiebelartig kreisförmig angelegten Knorpelschichten, in deren Zentrum der **Gallertkern** liegt. Durch die Bandscheiben werden die Wirbelkörper auf **Abstand** gehalten.

Aufgabe 2:

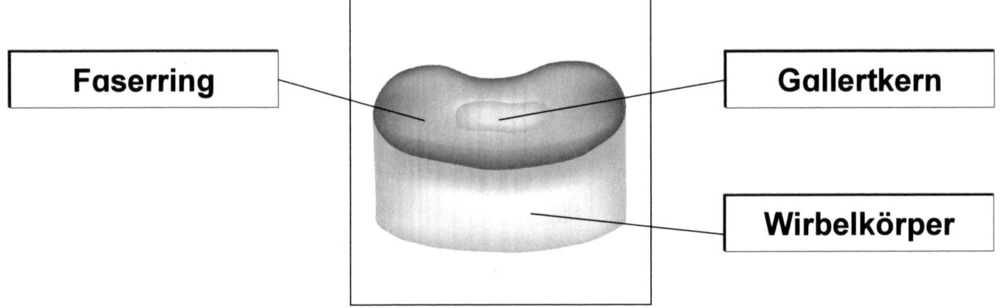

Aufgabe 3: **Bandscheibenvorfall**

Dabei wird Gewebe der Bandscheibe zwischen den Wirbelkörpern immer mehr nach außen gedrückt – in den Wirbelkanal – dorthin, wo das Rückenmark liegt.
Die Folge sind Rückenschmerzen, die in ein Bein oder einen Arm ausstrahlen können, Empfindungsstörungen („Ameisenlaufen“, Kribbeln, Taubheitsgefühle) oder Lähmungen im betreffenden Bein oder Arm.

Wozu dienen Muskeln?

Aufgaben, Anzahl und Lage

Muskeln befinden sich fast überall im Körper. Ohne Muskeln könnte der Mensch nicht leben. Ganz egal ob man sich gehend/laufend fortbewegt, ob man isst, spricht oder atmet, ohne Muskeln wäre das nicht möglich. Alle unsere Haltungen und Bewegungen erfordern die Betätigung von Muskeln. Beim Runzeln der Stirn sind über 40 Muskeln nötig, beim Lächeln dagegen nur 17. Wenn wir unsere Muskeln betätigen, sind immer die Sinnesorgane, die Nerven und das Gehirn beteiligt. Das Gehirn reagiert auf Sinneseindrücke und gibt entsprechende Anweisungen, wann und wie wir unsere Muskeln einsetzen.

Beispiel: Ein Ball fliegt auf das Kind zu. Das Kind versucht den Ball zu fangen.
Ein einfacher Vorgang? Welche Botschaften flitzen hin und her?

1. Zuerst nimmt die Netzhaut des Auges den heranfliegenden Ball wahr. Über den Sehnerv wird dies an das Gehirn weitergeleitet.
2. Das Gehirn „wertet aus“, d.h. es ruft gespeicherte Informationen über Ballgröße, -beschaffenheit und Geschwindigkeit des herannahenden Balles usw. ab.
3. Es kommt zum Entschluss, den Ball zu fangen. ***Dazu müssen aber ganz bestimmte Muskeln in den Armen und Händen, evtl. auch in den Beinen (Stellung zum Ball) Befehle erhalten (aktiviert werden).***
4. ***Die (zweck-) entsprechenden Befehle werden im Gehirn gebildet und über Nervenbahnen zu den Muskeln geleitet, um damit die motorische Aktion „Ball fangen“ einzuleiten.***

Hirn
Auge
Arm-, Hand- und Beinmuskulatur
Abb. 11

Muskeln übernehmen recht unterschiedliche Aufgaben im Körper. Die meisten Muskeln werden benötigt, um sich fortzubewegen. Es gibt aber auch ganz andere Muskeln, z.B. für die Verdauung und Atmung. Jeder Mensch besitzt ca. 650 verschiedene Muskeln. Dabei spielt es keine Rolle, wie alt oder wie gut trainiert er ist. Ein gut trainierter Sportler verfügt also nicht über mehr Muskeln, sondern nur über mehr an Muskelmasse. Der Anteil der Muskeln beim Mann beträgt ca. 40-54% der Gesamtkörpermasse. Frauen haben grundsätzlich weniger Muskelmasse. Bei ihnen beträgt der Anteil ca. 31-39% der Gesamtkörpermasse.

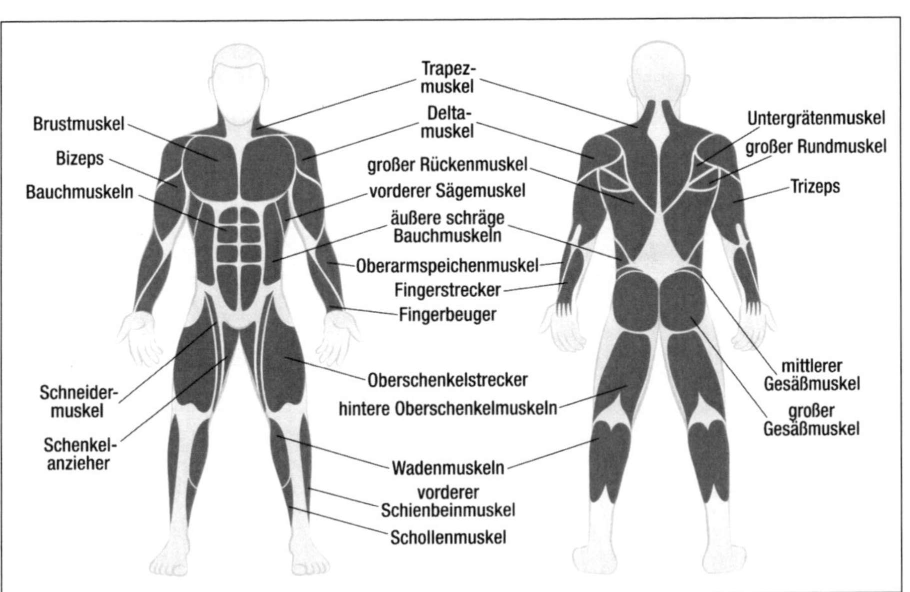

KOHL VERLAG Stationenlernen Skelett, Muskeln und Gelenke – Bestell-Nr. 12 348

Agonist und Antagonist (1)

- Der kleinste Muskel des Menschen ist der sog. Steigbügelmuskel, er ist so groß wie ein Stecknadelknopf und befindet sich im Innenohr.
- Der sog. Schneidermuskel (Musculus sartorius) ist mit knapp 50 cm der längste Muskel des Menschen; er liegt vorn am Oberschenkel.
- Der Muskel mit dem größten Volumen ist der große Gesäßmuskel (Gluteus maximus).
  Der flächenmäßig größte Skelettmuskel ist der Musculus latissimus dorsi = großer Rückenmuskel.

Bewegung: Agonist und Antagonist
Muskeln, die mit den Knochen des Skeletts verbunden sind, heißen Skelettmuskeln oder
quergestreifte Muskeln. Alle Skelettmuskeln sind über Sehnen oder Faszien – einer dünnen, sehnenartigen Muskelhaut – mit dem Skelett verbunden und ermöglichen vielfältige Bewegungen. Sehnen haben die Aufgabe, die Kraft der Muskeln auf das Skelett zu übertragen.

Um eine Bewegung ausführen zu können, ist immer das Zusammenspiel gegensätzlich wirkender Muskeln notwendig. Ein Muskel arbeitet bei einer Bewegung niemals allein. Jede
Bewegung ist das Ergebnis der Zusammenarbeit mehrerer Muskeln – die Muskeln treten paarweise auf.
Wenn sich dein Armbeuger (Bizeps) zusammenzieht, wird er kürzer und dicker und zieht den Unterarm in Richtung Schulter – das Ellenbogengelenk wird gebeugt. Er kann den Arm aber nicht zurückführen, stattdessen entspannt er sich – wird länger und dünner, während der
Armstrecker auf der Rückseite des Oberarmes (Trizeps) sich zusammenzieht und so den Arm wieder streckt.

Bewegung: Agonist und Antagonist

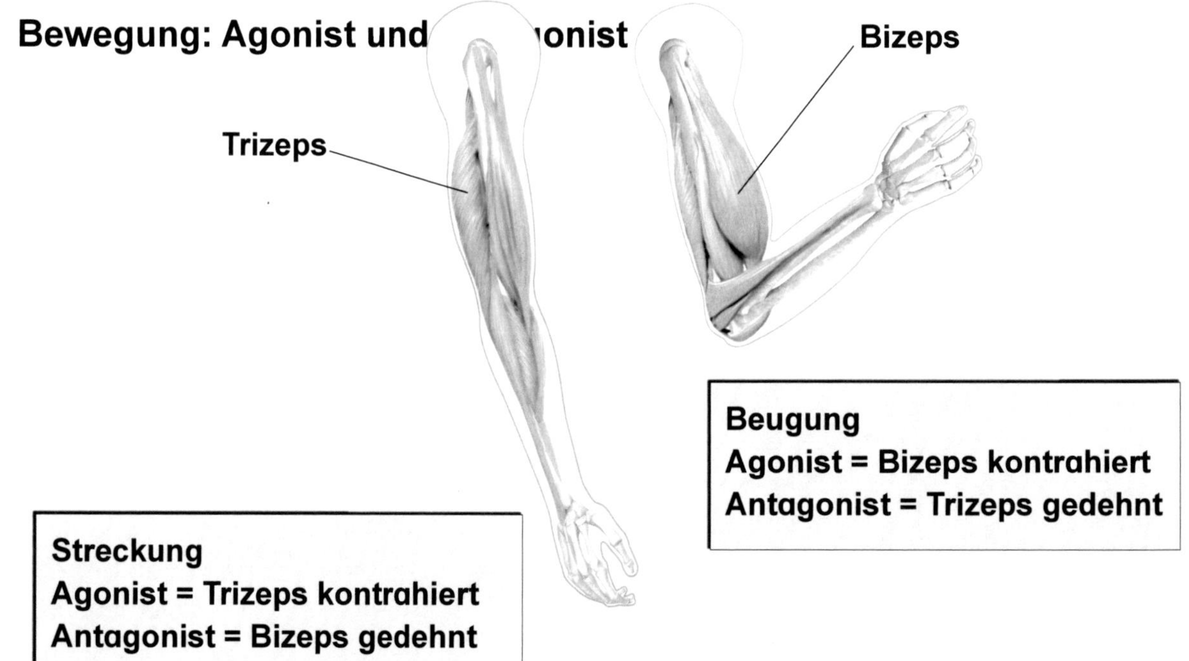

Agonist und Antagonist (2)

Der **Agonist**[1] führt eine Bewegung aus, während der Gegenspieler oder **Antagonist** dafür sorgt, dass die Bewegung wieder in die Gegenrichtung erfolgen kann. Wenn der Bizeps den Unterarm im Ellenbogen beugt, muss gleichzeitig der Gegenspieler Trizeps gedehnt werden. Soll der Unterarm wieder in eine gerade Position gebracht werden, geht es umgekehrt. Jetzt ist der Trizeps der Agonist, er streckt den Unterarm, während der Bizeps als Antagonist gedehnt wird.

- An der Ausführung von Bewegungsabläufen sind mehrere Muskeln beteiligt, die – sich gegenseitig unterstützend – in die gleiche Richtung arbeiten. Sie werden als Synergisten[2] bezeichnet.

- Teilweise bestehen die Gegenspieler Agonisten/Antagonisten jeweils aus ganzen Muskelgruppen. Beispiel: Die Gruppe der Rückenmuskeln als Gegenspieler zur Gruppe der Bauchmuskeln.

- Gegensätzliche Muskelgruppen sollten in etwa immer gleich stark trainiert werden, um muskuläre Dysbalancen zu vermeiden.

[1] Agonist bedeutet „der Handelnde". Der Begriff bezeichnet eine Substanz oder Struktur, die im Hinblick auf eine bestimmte Aktion verursachend wirkt.
[2] Synergist: Muskel, der bei einer Bewegung unterstützend wirkt, ohne die Hauptbewegung auszuführen.

Stationenlernen Skelett, Muskeln und Gelenke – Bestell-Nr. 12 348
KOHL VERLAG

Arten von Muskeln

Muskeln sind nicht gleich Muskeln; man unterscheidet 3 Arten von Muskeln:

willkürliche, quergestreifte Skelettmuskulatur	Herzmuskel als Mischform dazwischen	unwillkürliche, glatte Muskulatur
Skelettmuskel		

Skelettmuskel besteht aus vielen parallel angeordneten Muskelfasern, die zu mehreren Muskelfaserbündeln zusammengefasst werden. Zwischen den einzelnen Muskelfasern befinden sich kleinste Blutgefäße (sog. Kapillaren) sowie Nervenfasern und Bindegewebe. Ganz gleich ob es sich um Bizeps, großen Rückenmuskel oder Oberschenkelstrecker handelt - es sind Skelettmuskeln. Die quergestreifte Muskulatur bildet das System der Skelettmuskulatur. Bei der quergestreiften Muskulatur reiht sich ein Sarkomer[1] an das nächste. Nebeneinander liegende Reihen sind dabei exakt parallel angeordnet.

Im Großen und Ganzen hat die Skelettmuskulatur 3 Aufgaben, und zwar:

1. **den Körper aufrecht zu halten und zu stabilisieren,**
2. **einzelne Körperteile zu bewegen,**
3. **die optimale Körpertemperatur durch Muskeltätigkeit zu erhalten.**

Muskeln, die lebensnotwendige Aufgaben erfüllen, nennt man auch unwillkürliche Muskeln, da diese nicht bewusst gesteuert werden können. Die glatte Muskulatur befindet sich z.B. in den Muskelwänden der Hohlorgane, z.B. in der Blase, im Dünndarm und in den Blutgefäßen.
Muskeln unterscheiden sich in Größe, Aufgaben und Form, haben aber eins gemeinsam – sie bestehen aus Muskelzellen, die in der Lage sind, sich zu verkürzen (= Kontraktion[2]).

Der wichtigste Muskel des menschlichen Körpers ist der Herzmuskel.
Er pumpt und verteilt das Blut in unserem Körper unermüdlich, ununterbrochen jeden Tag, jede Stunde, jede Minute. Der Herzmuskel ist durch regelmäßiges Zusammenziehen dafür verantwortlich, dass genügend Blut in den Körper gepumpt wird, um alle Organe mit Sauerstoff zu versorgen.

[1] Unter Sarkomer versteht man die kleinste kontraktile Einheit des Muskels.
[2] Als Kontraktion bezeichnet man das aktive Anspannen, die Verkürzung oder das Zusammenziehen einer kontraktilen Struktur, z.B. einer Muskelzelle, eines Muskelgewebes oder eines muskulären Organs (Herz, Harnblase).

Muskeln – Funktion

Aufgabe 1: *Verbinde die Teile zu sinnvollen Sätzen, die Buchstaben ergeben in der Spalte ganz rechts ein Lösungswort! Schreibe die vollständigen Sätze in dein Heft.*

1	Jede unserer Haltungen und Bewegungen	**E**	bildet das System der Skelettmuskulatur.	**1**	
2	Jeder Mensch besitzt	**O**	ist immer das Zusammenspiel gegensätzlich wirkender Muskeln notwendig.	**2**	
3	Der Anteil der Muskeln bei der Frau	**S**	erfordert die Betätigung von Muskeln.	**3**	
4	Der Musculus latissimus dorsi	**A**	ca. 650 verschiedene Muskeln.	**4**	
5	Um eine Bewegung ausführen zu können,	**R**	vielen parallel angeordneten Muskelfasern.	**5**	
6	Wenn wir unsere Muskeln betätigen,	**M**	sind immer Sinnesorgane, die Nerven und das Gehirn beteiligt.	**6**	
7	Die quergestreifte Muskulatur	**R**	beträgt ca. 35% der Gesamtkörpermasse.	**7**	
8	Jeder Skelettmuskel besteht aus	**K**	ist der flächenmäßig größte Skelettmuskel.	**8**	

Aufgabe 2: *Nenne die 3 wichtigen Aufgaben der Skelettmuskulatur:*

a) ______________________________

____

b) ______________________________

____

c) ______________________________

____

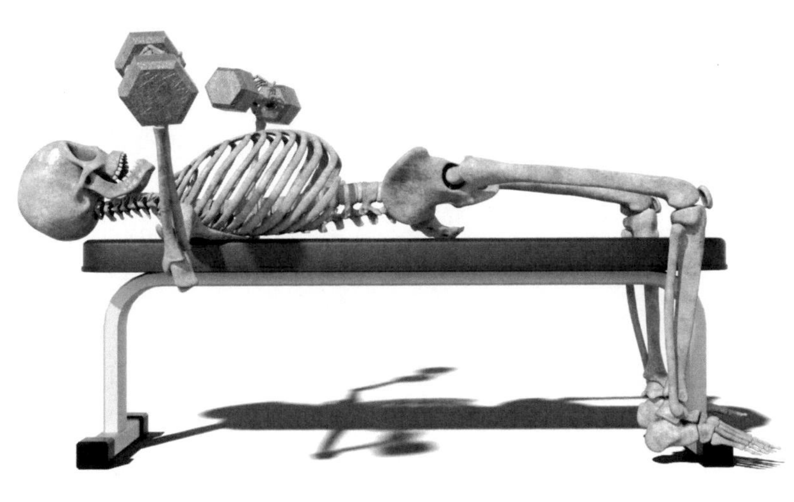

Stationenlernen Skelett, Muskeln und Gelenke – Bestell-Nr. 12 348
KOHL VERLAG

Station
Muskeln - Funktion

– Lösung –

Aufgabe 1:

1	Jede unserer Haltungen und Bewegungen erfordert die Betätigung von Muskeln.	**1**	**S**
2	Jeder Mensch besitzt ca. 650 verschiedene Muskeln.	**2**	**A**
3	Der Anteil der Muskeln bei der Frau beträgt ca. 35% der Gesamtkörpermasse.	**3**	**R**
4	Der Musculus latissimus dorsi ist der flächenmäßig größte Skelettmuskel.	**4**	**K**
5	Um eine Bewegung ausführen zu können, ist immer das Zusammenspiel gegensätzlich wirkender Muskeln notwendig.	**5**	**O**
6	Wenn wir unsere Muskeln betätigen, sind immer Sinnesorgane, die Nerven und das Gehirn beteiligt.	**6**	**M**
7	Die quergestreifte Muskulatur bildet das System der Skelettmuskulatur.	**7**	**E**
8	Jeder Skelettmuskel besteht aus vielen parallel angeordneten Muskelfasern.	**8**	**R**

Aufgabe 2:
a) den Körper aufrecht zu halten und zu stabilisieren,
b) einzelne Körperteile zu bewegen,
c) die optimale Körpertemperatur durch Muskeltätigkeit zu erhalten.

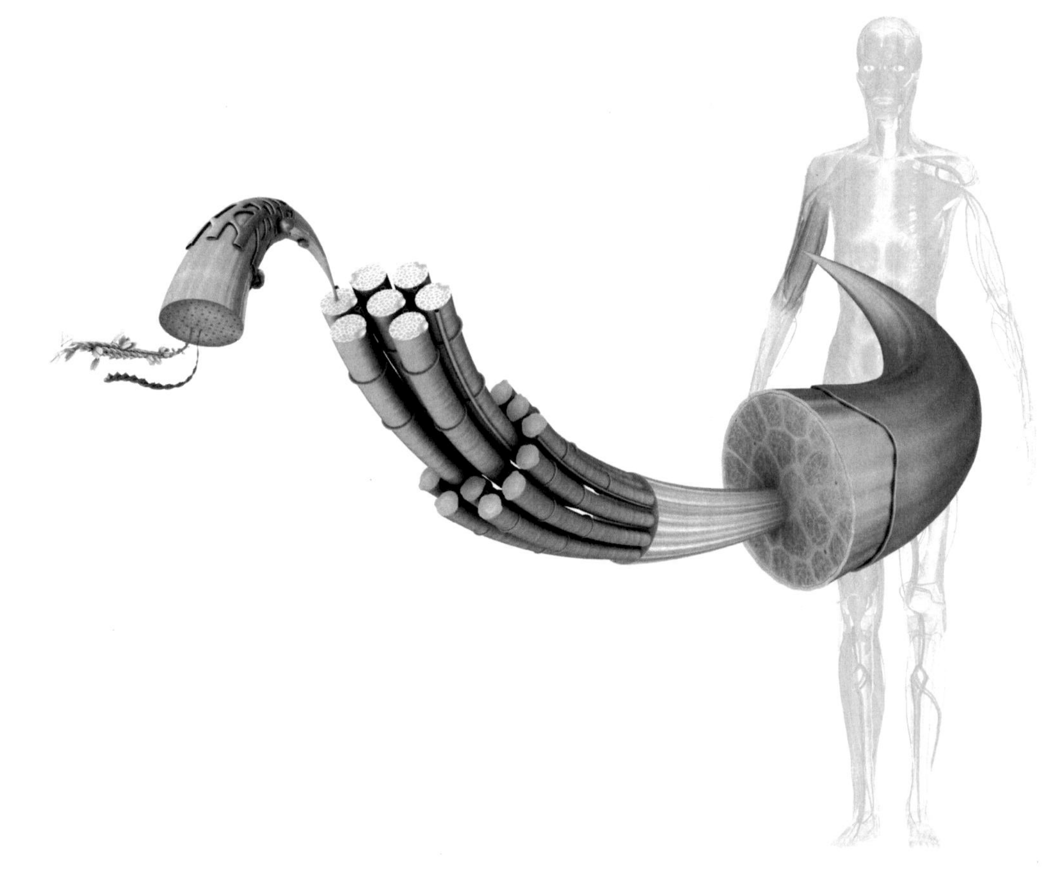

Station

Gegenspieler und Muskelarten

! **Aufgabe 1**: *Bei a) und b) sind 2 gegensätzliche Bewegungen dargestellt. Trage die Begriffe an der richtigen Stelle ein.*

gedehnt – Speiche – Bizeps – kontrahiert – Ellenbogen – Trizeps

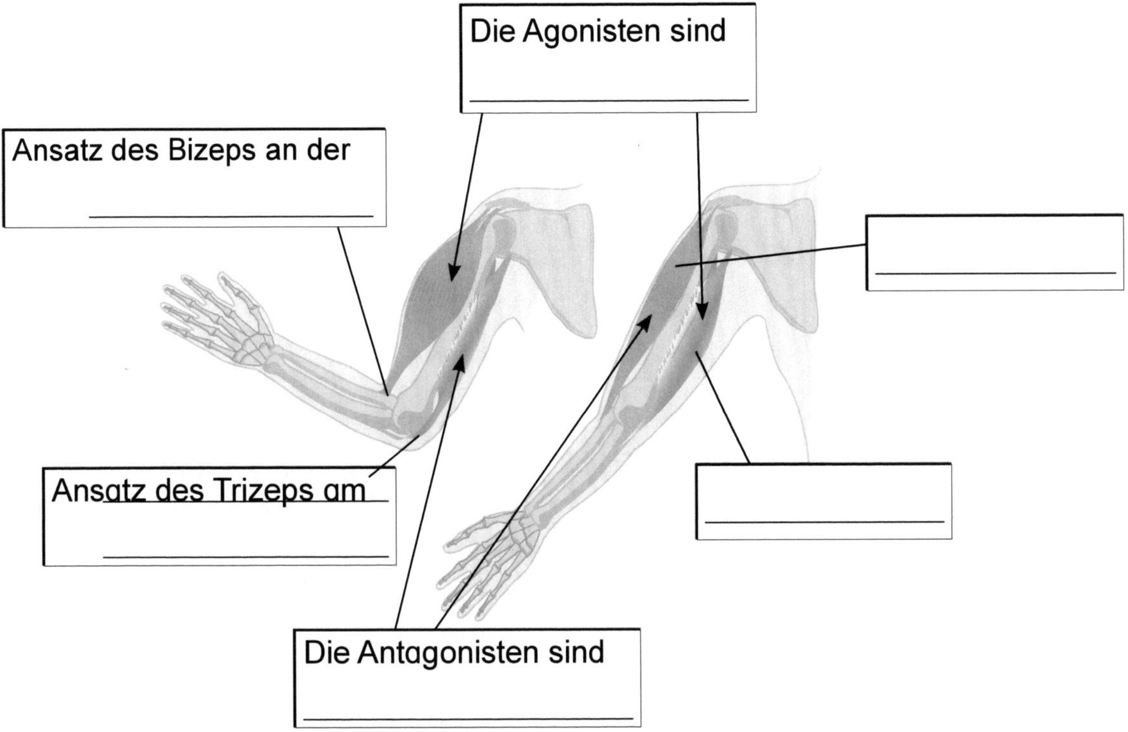

⊙ **Aufgabe 2**: *Ordne den richtigen Buchstaben der entsprechenden Bezeichnung zu:*

S = Skelettmuskeln / **G** = glatte Muskulatur / **H** = Herzmuskel

Atemmuskulatur	
arbeitet die ganze Zeit ohne Pause	
keine gezielte Steuerung durch den Menschen möglich	
Bizeps	
großer Gesäßmuskel	
besteht aus glatten, spindelförmigen Muskelzellen	
ist eine Mischform zwischen quergestreifter und glatter Muskulatur	
Darmmuskulatur	
kann durch den Menschen gesteuert werden	
Hohlorgane	

Stationenlernen Skelett, Muskeln und Gelenke – Bestell-Nr. 12 348
KOHL VERLAG

Gegenspieler und Muskelarten

– Lösung –

Aufgabe 1:

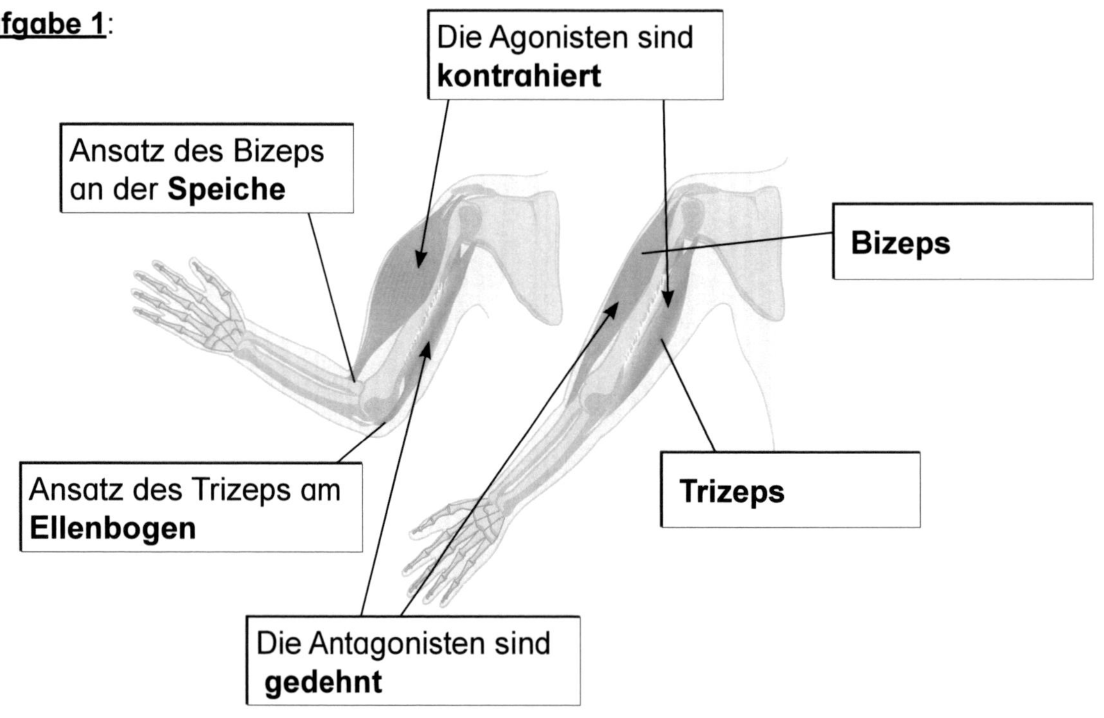

Aufgabe 2:

S = Skelettmuskeln / G = glatte Muskulatur / H = Herzmuskel

Atemmuskulatur	**G**
arbeitet die ganze Zeit ohne Pause	**H**
keine gezielte Steuerung durch den Menschen möglich	**G**
Bizeps	**S**
großer Gesäßmuskel	**S**
besteht aus glatten, spindelförmigen Muskelzellen	**G**
ist eine Mischform zwischen quergestreifter und glatter Muskulatur	**H**
Darmmuskulatur	**G**
kann durch den Menschen gesteuert werden	**S**
Hohlorgane	**G**

Station

Namen der Skelettmuskeln

⊙ **Aufgabe 1**: *Benenne die Muskeln auf der Abbildung.*

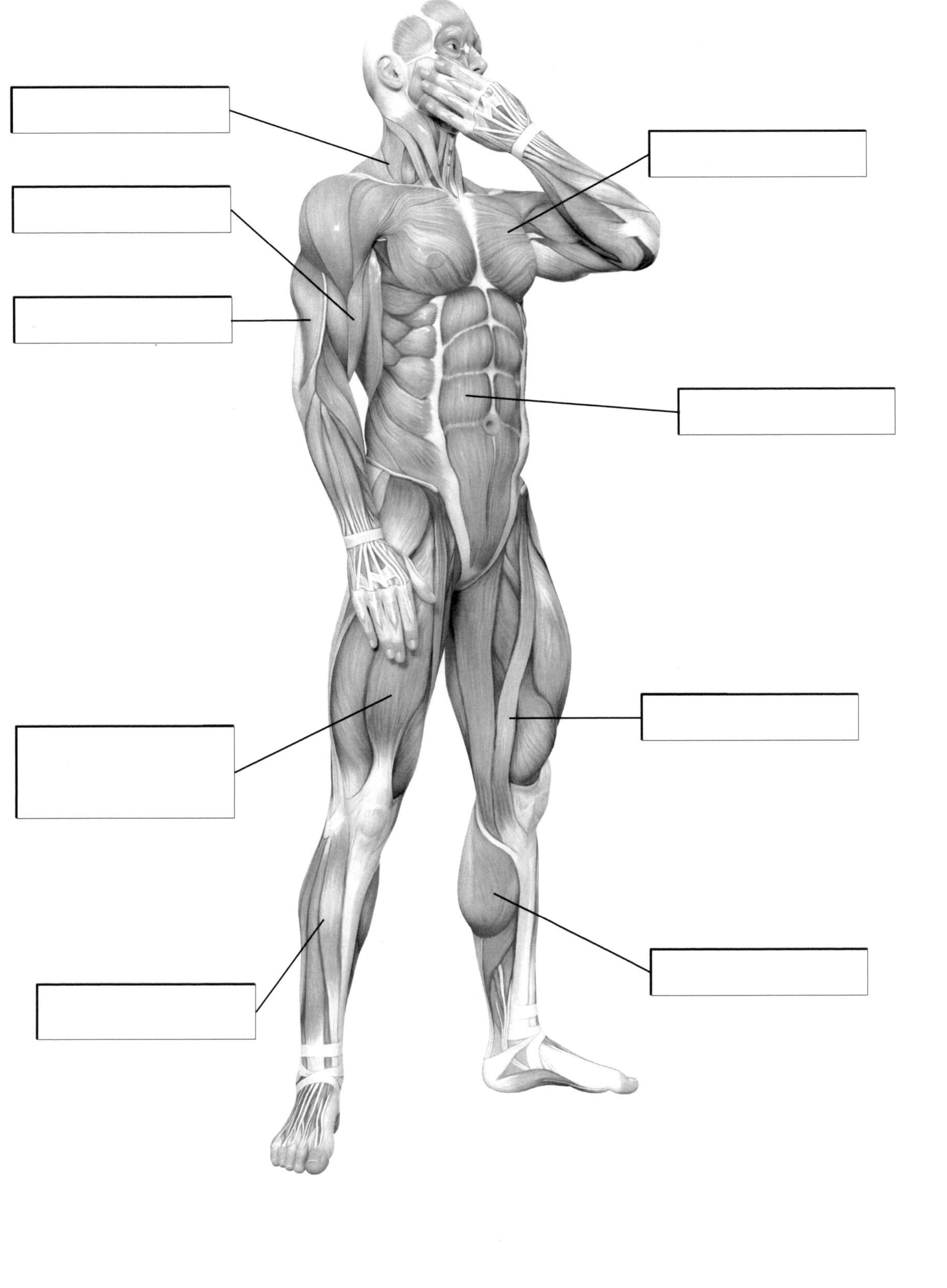

KOHL VERLAG Stationenlernen Skelett, Muskeln und Gelenke – Bestell-Nr. 12 348

Station

Namen der Skelettmuskeln

– Lösung –

Aufgabe 1:

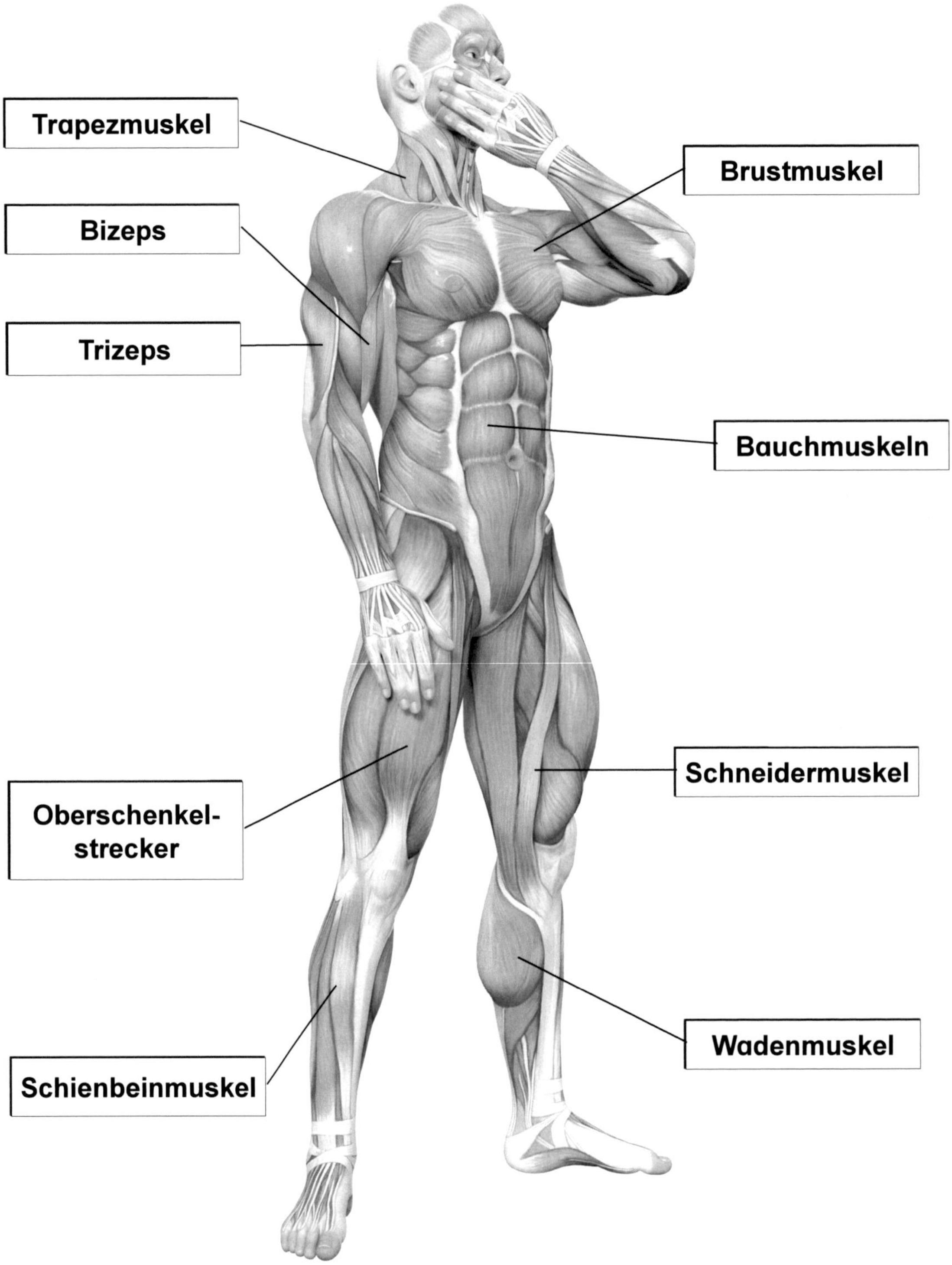

Trapezmuskel

Bizeps

Trizeps

Brustmuskel

Bauchmuskeln

Oberschenkel-strecker

Schneidermuskel

Schienbeinmuskel

Wadenmuskel

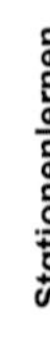

Station

Wirkungen der Skelettmuskeln

★ **Aufgabe 1**: *Schreibe unter das Bild den Namen des Muskels, was er bewirkt und bei welcher Tätigkeit oder Sportart er zum Einsatz kommt.*

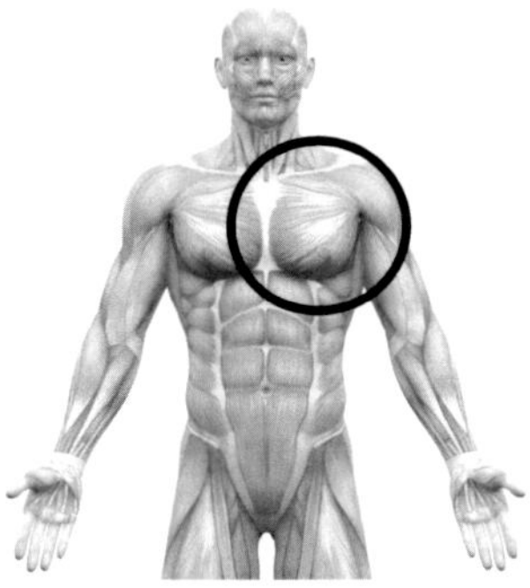	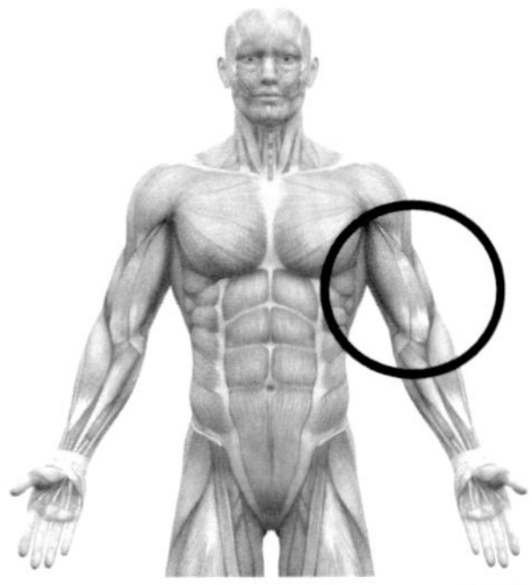	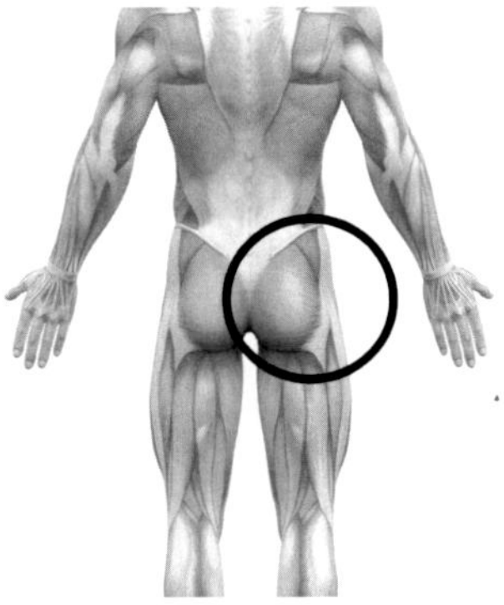
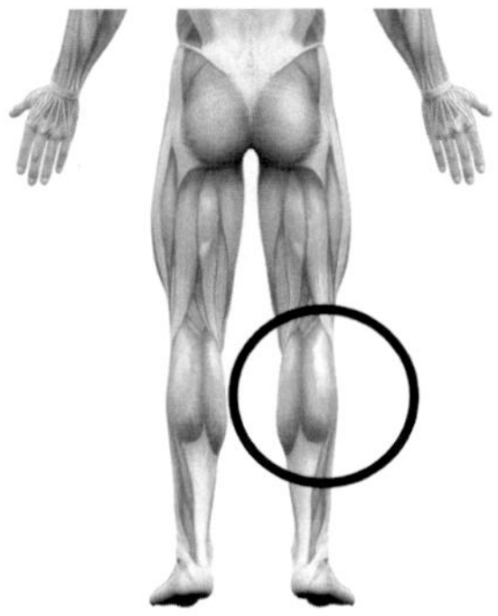	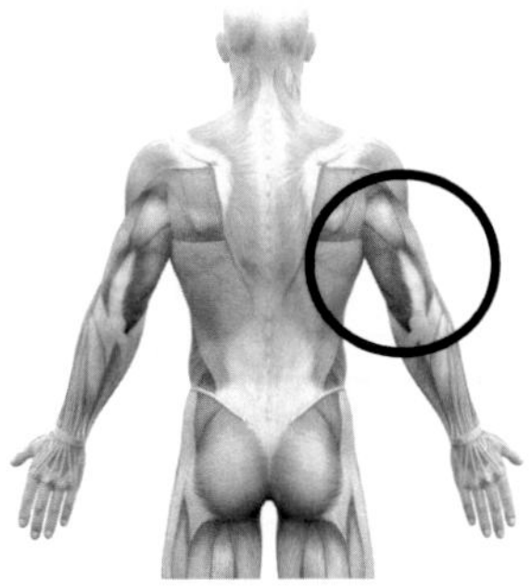	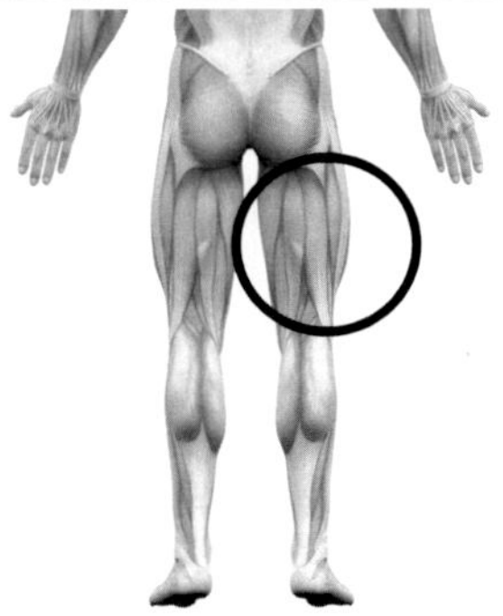
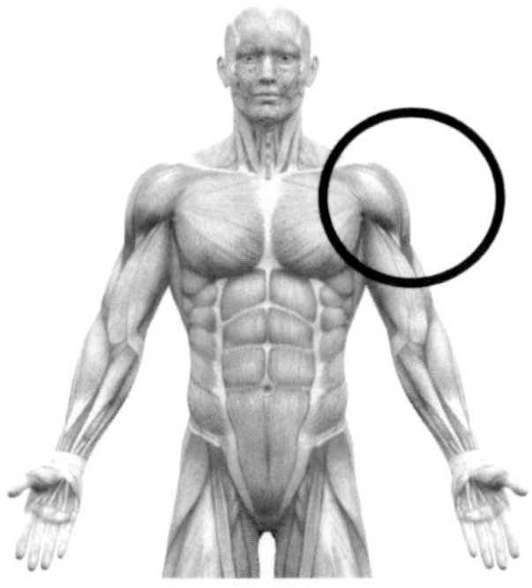	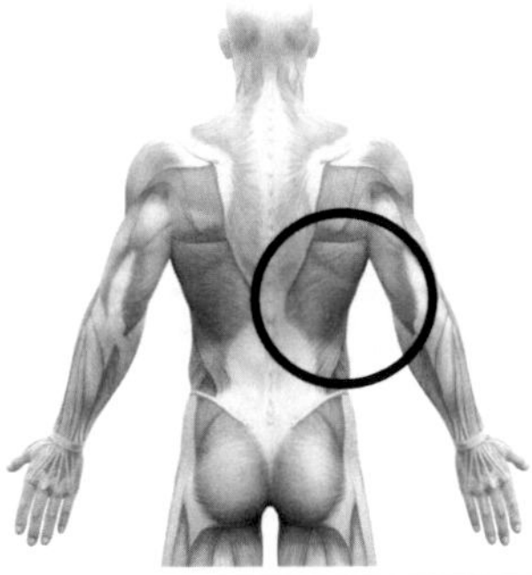	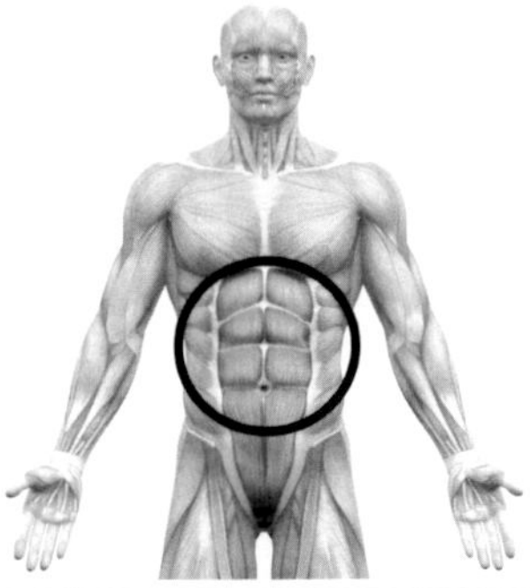

KOHL VERLAG Stationenlernen Skelett, Muskeln und Gelenke – Bestell-Nr. 12 348

Station

Wirkungen der Skelettmuskeln

Muskeln

– Lösung –

Aufgabe 1:

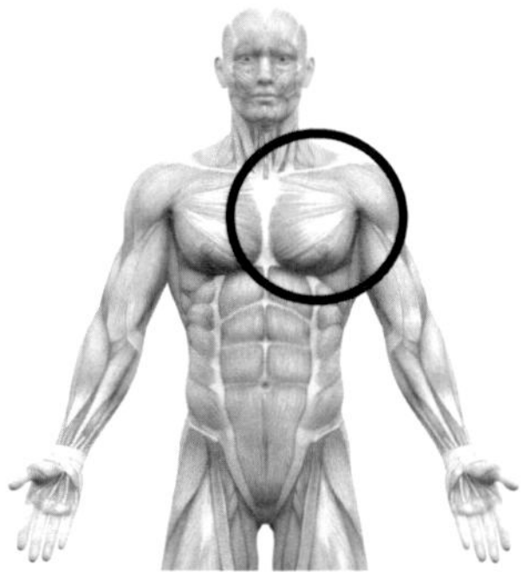 großer Brustmuskel	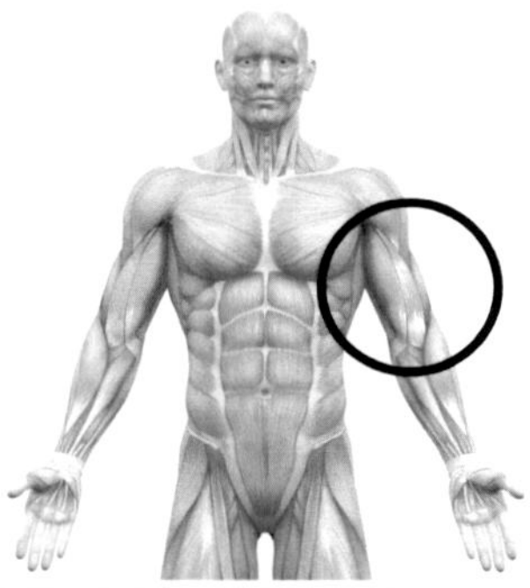 Bizeps	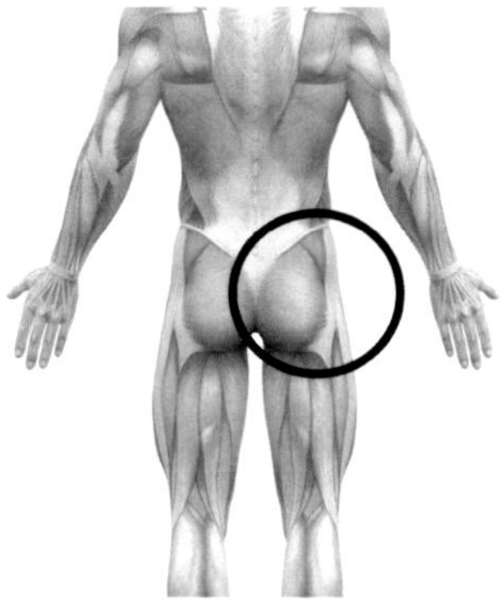 großer Gesäßmuskel
bringt den Arm nach vorn	beugt den Arm	streckt das Hüftgelenk
werfen, boxen	heben, tragen	laufen
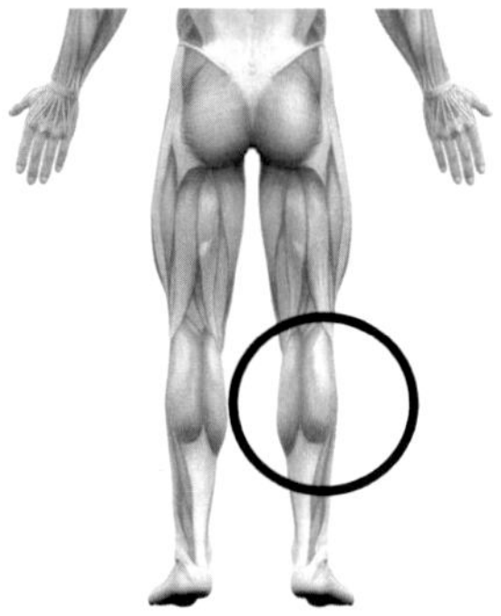 Wadenmuskel	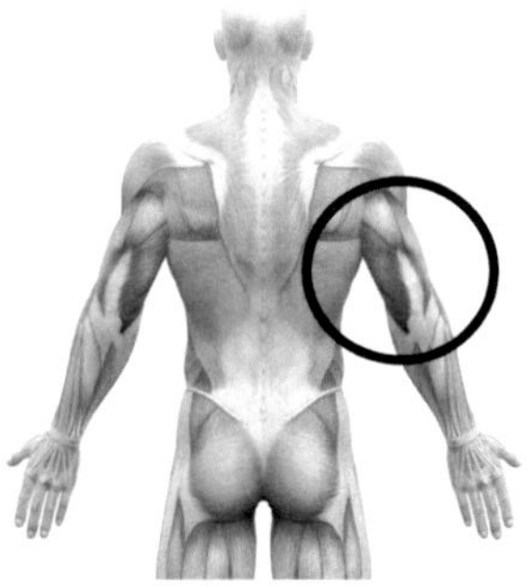 Trizeps	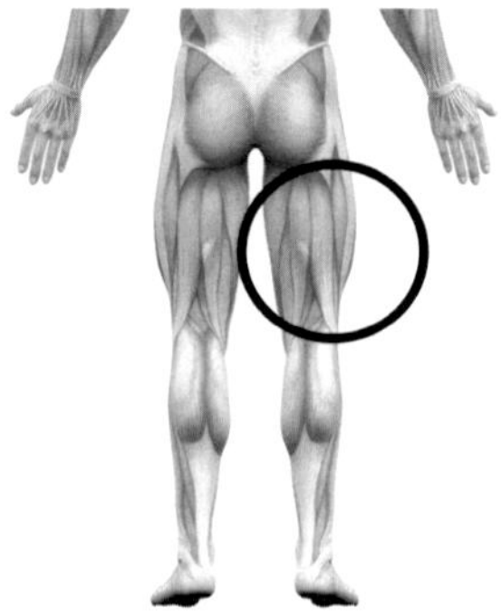 hinterer Oberschenkelmuskel
bringt den Fuß nach unten	streckt den Arm	beugt das Bein
laufen, springen	werfen, boxen	laufen, weit springen
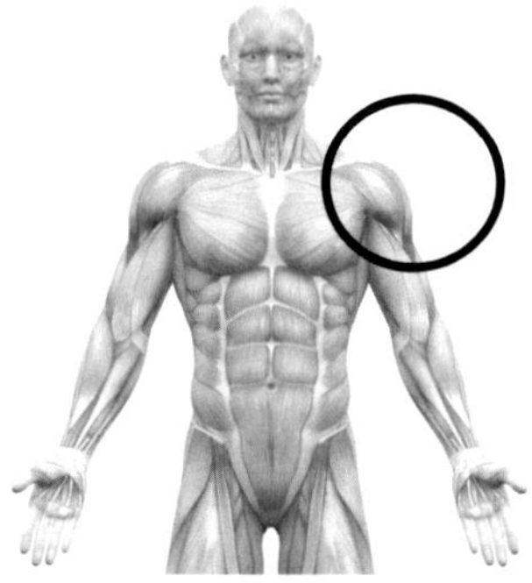 Deltamuskel	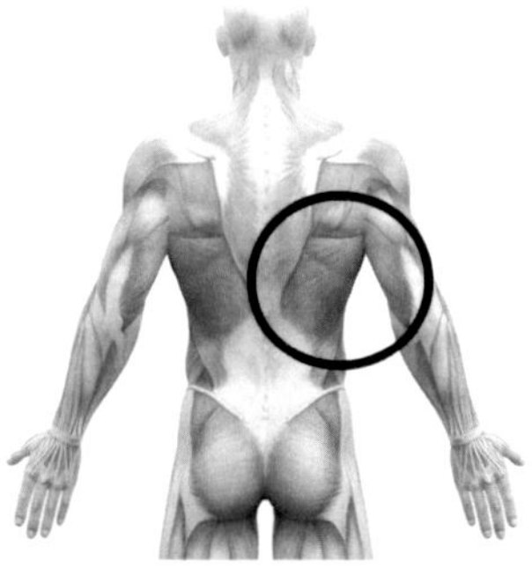 breiter Rückenmuskel	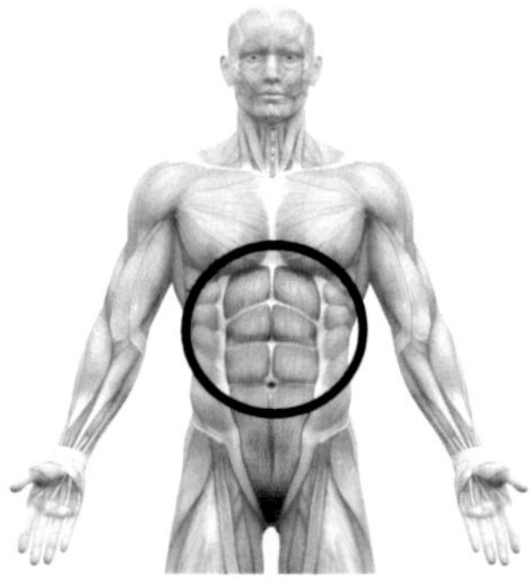 gerader Bauchmuskel
hebt den ganzen Arm	bringt den Arm nach unten	Rumpf beugen, Atmung
hoch heben	schwimmen, Klimmzüge	turnen, springen, heben

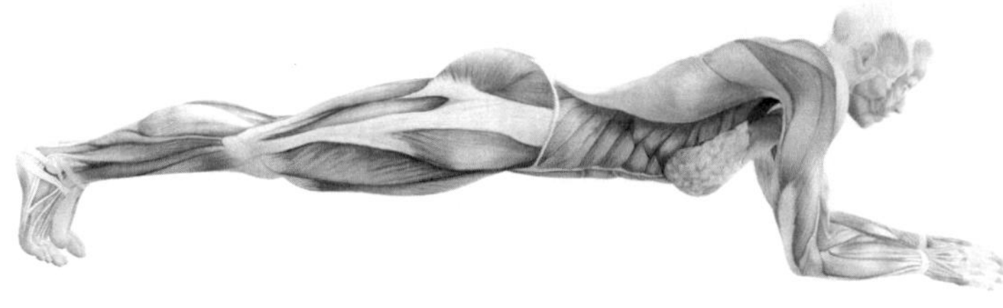

Gelenk - Aufbau

Knochen sind starr. **Damit unser Körper bewegt werden kann, gibt es an verschiedenen Stellen Gelenke**. Gelenke sind also die Verbindungsstellen zwischen den Knochen. Nicht alle Gelenke sind gleich. Je nach Art haben sie verschiedene Bewegungsachsen, die unterschiedliche Bewegungsmöglichkeiten garantieren. Damit sich aber unser Körper bewegen kann, benötigen wir Muskeln und Sehnen. Versucht doch selbst einmal, die Bewegungen der jeweiligen Gelenke herauszufinden. Im Folgenden werden die wichtigsten Gelenkformen dargestellt.

Beispiele: Fußgelenk, Kniegelenk, Hüftgelenk, Schultergelenk, Ellenbogengelenk oder Handgelenk.

Der Mensch hat insgesamt über 100 Gelenke. Man unterscheidet zwei Hauptgruppen:

1. **Unechte Gelenke = bindegewebige oder knöcherne Gelenke** weisen keinen Spalt auf, lassen sich kaum oder gar nicht bewegen. Die Knochennähte im Schädel und das Becken sind Beispiele dafür.
2. **Echte Gelenke ermöglichen Bewegungen**, sind je nach Gelenkart unterschiedlich groß und weisen zwischen den am Gelenk beteiligten Knochen einen Spalt auf.

- Ein Gelenk ist eine bewegliche Verbindung zwischen zwei oder mehreren knöchernen oder knorpeligen Skelettelementen.
- Echte Gelenke benötigen 2 Gelenkpartner - einen Knorpelüberzug und einen Gelenkspalt.

Echte Gelenke weisen zwischen den am Gelenk beteiligten Knochen eine Unterbrechung auf, den **Gelenkspalt**. Der Gelenkspalt trennt die vom **Gelenkknorpel** übererzogenen **Gelenk-**
flächen. Von außen ist das Gelenk von einer straffen Gelenkkapsel umgeben. Sie kann an einigen Stellen Verstärkungen aufweisen, die man als Gelenk- bzw. Kapselbänder bezeichnet.

Schema eines Gelenks

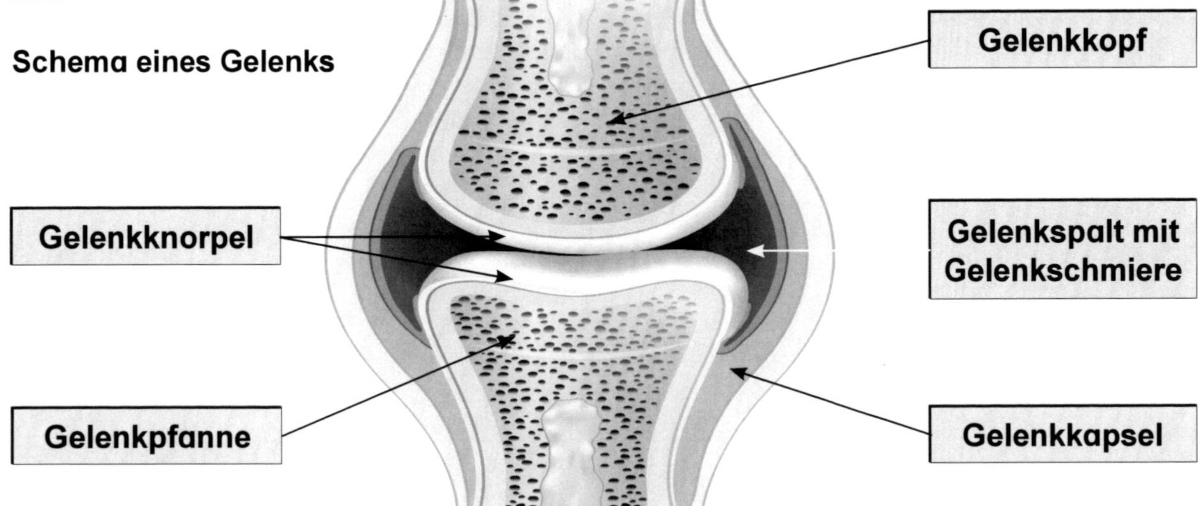

Gelenkformen

Es gibt verschiedene Gelenkformen, die unterschiedliche Bewegungen ermöglichen (zulassen). Nach der Form der Gelenkfläche unterscheidet man Kugelgelenke, Scharniergelenke, Sattel-gelenke, Eigelenke, Drehgelenke usw.

KOHL VERLAG Stationenlernen Skelett, Muskeln und Gelenke – Bestell-Nr. 12 348

Kugel- und Scharniergelenk

Kugelgelenke sind Gelenke, die freie Bewegungen nach allen Richtungen ermöglichen. Sie bestehen aus einem annähernd kugelförmigen Gelenkkopf und einer hohlkugelförmigen Gelenkpfanne.

Zu den typischen Kugelgelenken zählt man das Hüftgelenk und das Schultergelenk. Das Hüftgelenk besteht aus Hüftpfanne und Hüftkopf.

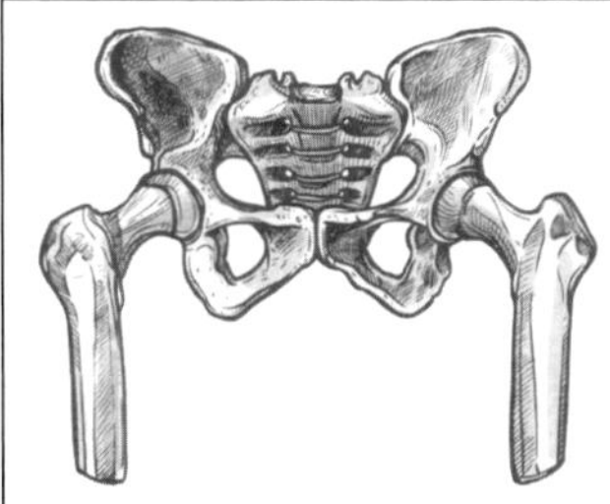

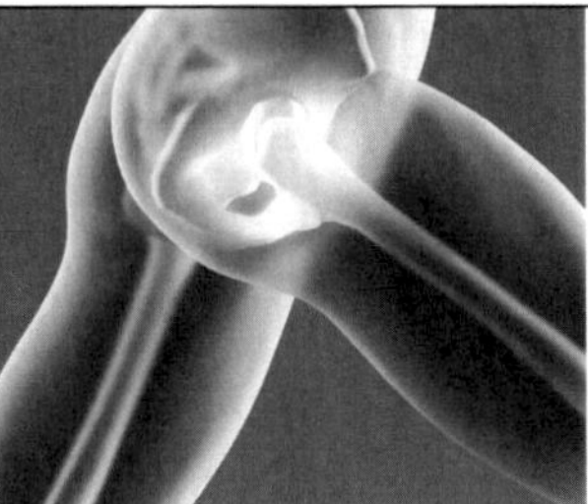

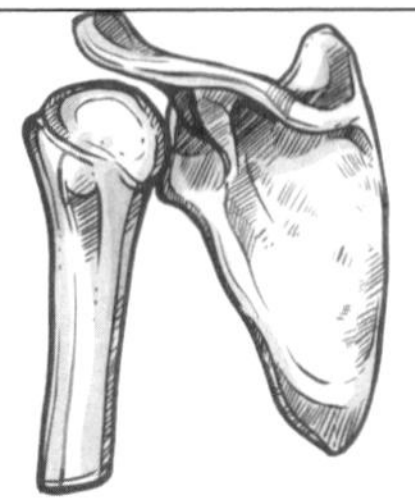

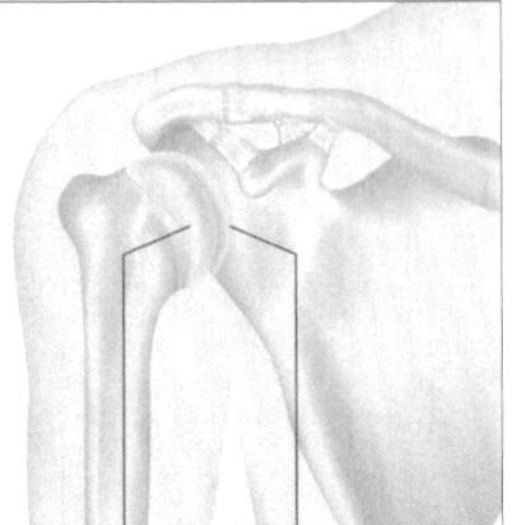

Das Scharniergelenk ist die einfachste Form der gelenkigen Verbindungen zwischen zwei Knochen. Es ermöglicht nur einfache Beuge- und Streckbewegungen. Scharniergelenke werden häufig auch als Walzengelenke bezeichnet. Hier greift ein walzenförmiger Gelenkkörper in die rinnenförmige Vertiefung eines hohlzylinderförmigen Gelenkkörpers. Das Ellenbogengelenk ist ein typisches Scharniergelenk, aber auch das obere Sprunggelenk und die Mittelfinger. Zur Veranschaulichung dient eine Tür, die man mit Hilfe eines Scharniers öffnen und schließen kann.

Besonderheiten des Ellenbogengelenks

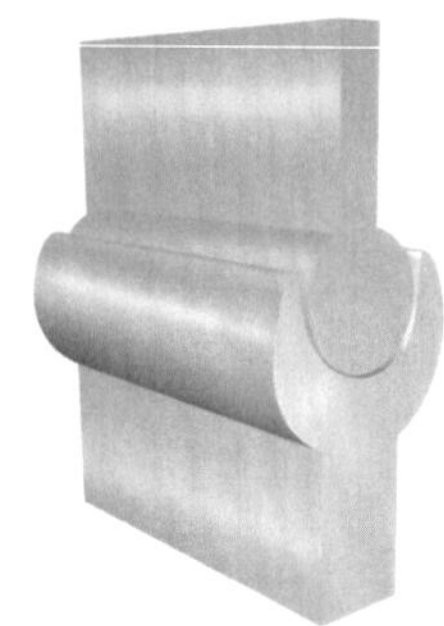

Ein Beispiel für ein Scharniergelenk im Körper ist das Oberarm-Ellen-Gelenk, das nur einfache Beuge- und Streckbewegungen ermöglicht.

Das Oberarm-Speichen-Gelenk wird häufig auch als Radgelenk bezeichnet und zählt zu den Drehgelenken[1], weil es zusätzlich die Drehbewegung des Armes nach innen und außen ermöglicht. Drehgelenke spielen für die Beweglichkeit der Armknochen eine wesentliche Rolle.

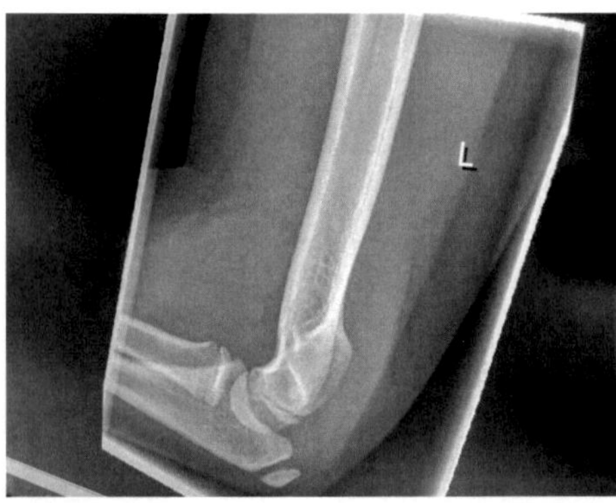

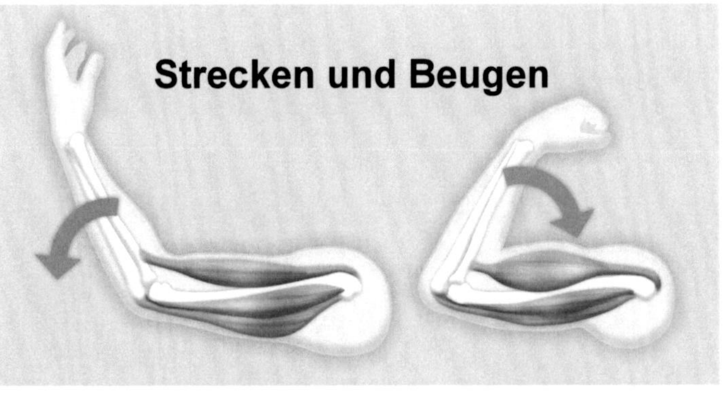

[1] Eine weitere Formvariante der echten Gelenke ist das sogenannte Drehgelenk.

Sattel- und Eigelenk

Bei **<u>Sattelgelenken</u>** sind die Knochenenden konkav, das heißt, nach innen gewölbt. Die Gelenkflächen greifen sattelförmig ineinander. Die besondere Form erinnert an einen Sattel.
Sattelgelenke ermöglichen das Ausführen von Bewegungen in 4 Richtungen: Bewegung nach rechts/links und Bewegung nach vorn/hinten.

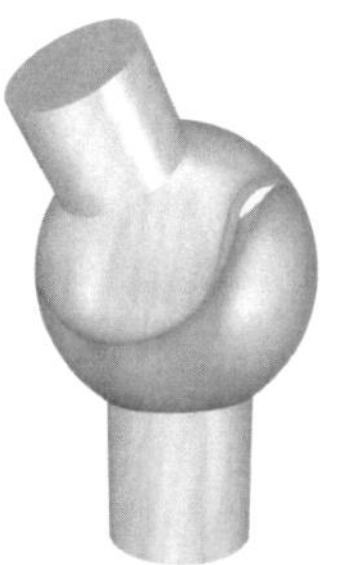

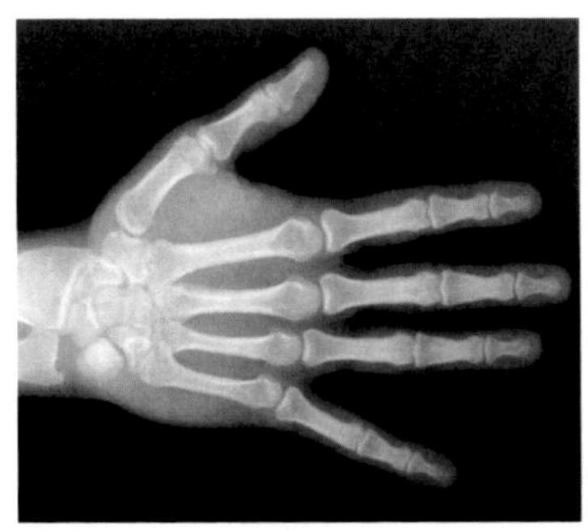

Das <u>Grundgelenk des Daumens</u> ist ein typisches Sattelgelenk.

Das **<u>Eigelenk</u>** hat die Form einer Ellipse. Es wird durch eine nach außen und eine nach innen gewölbte Gelenkfläche geformt. Eigelenke verfügen über zwei Bewegungsachsen und ermöglichen vier Bewegungen, und zwar

- seitwärts nach links und rechts
- Beugung und Streckung

Eine leichte Drehbewegung ist ebenfalls möglich.
Ein typisches Beispiel dafür ist <u>das Handgelenk zwischen den Handwurzelknochen und der Speiche</u>.

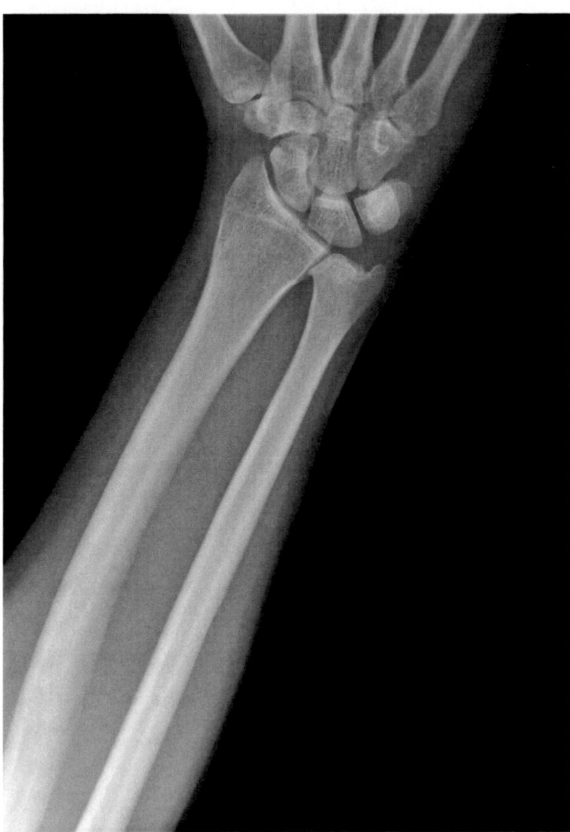

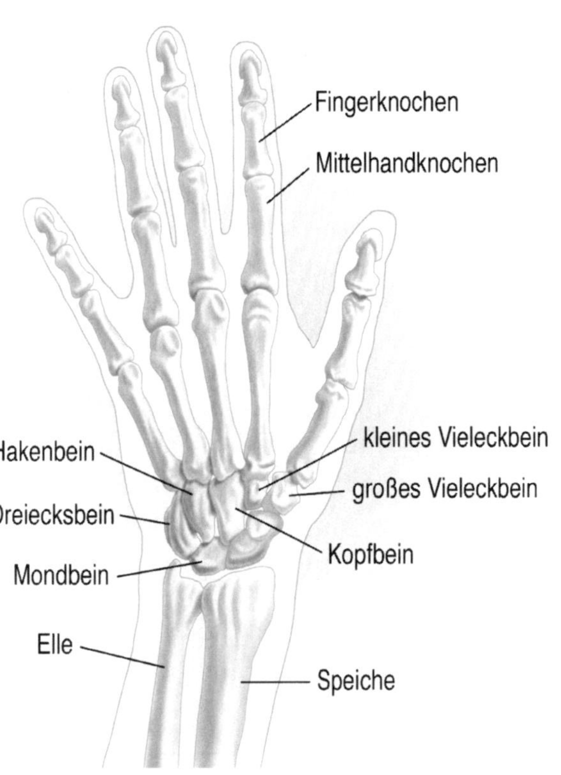

KOHL VERLAG Stationenlernen Skelett, Muskeln und Gelenke – Bestell-Nr. 12 348

Drehscharniergelenk

Das **Kniegelenk** ist ein Drehscharniergelenk (Radwinkelgelenk), weil es eine Scharnierbewegung erlaubt und in gebeugter Position eine Rotationsbewegung um die Längsachse des Unterschenkels ermöglicht.

Das Kniegelenk ist das größte und komplizierteste Gelenk im menschlichen Körper. Der komplexe Aufbau und die ständige Belastung in sehr unterschiedlichen Situationen und beim Sport machen es aber auch für Probleme und Verletzungen anfällig.

Die knöchernen Bestandteile des Kniegelenks sind der Oberschenkelknochen, die Kniescheibe und das Schienbein, nicht aber das Wadenbein. Im Kniegelenk liegen 6 Gelenkflächen eng zusammen, und zwar:

- 3 Flächen des Oberschenkelknochens,
- 2 Flächen des Schienbeins,
- die Kniescheibe.

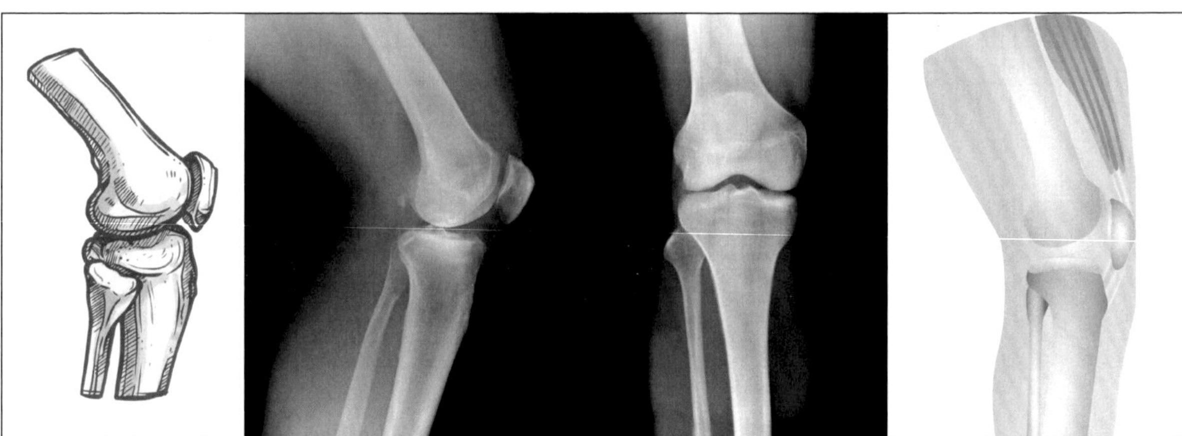

Zu erwähnen sind auch noch die **Plangelenke** zwischen den Wirbeln, die sowohl Drehbewegungen in 2 Richtungen und auch das Beugen und Strecken der Wirbelsäule ermöglichen.

Tipp: Bewegung und Sport

Bewegung hat für die Gesundheit unserer Gelenke einen besonderen Stellenwert. Bewegung ganz allgemein (regelmäßige kleine Spaziergänge) und gelenkschonende Sportarten wie Nordic Walking, Radfahren, Schwimmen und Funktionsgymnastik kräftigen nicht nur die Muskulatur, sondern sorgen dafür, dass der Gelenkknorpel mit den Nährstoffen aus der Gelenkflüssigkeit versorgt wird. So bleiben die Gelenke leistungsfähig und elastisch.

Aufbau eines Gelenks (1)

Aufgabe 1: *Verbinde die Teile zu sinnvollen Sätzen, die Buchstaben ergeben in der rechten Spalte ein Lösungswort! Schreibe die vollständigen Sätze in dein Heft.*

1	Gelenke sind die
2	Gelenke sind eine wesentliche Voraussetzung,
3	Man unterscheidet 2 Hauptgruppen:
4	Echte Gelenke weisen zwischen den am Gelenk
5	Echte Gelenke benötigen zwei Gelenkpartner,
6	Der Gelenkspalt trennt die vom
7	Von außen ist das Gelenk
8	Es gibt verschiedene Gelenkformen,

Buchstabe	Satzende
H	beteiligten Knochen einen Gelenkspalt auf.
R	damit Bewegung möglich ist.
O	Gelenkknorpel überzogenen Gelenkflächen.
R	einen Knorpelüberzug und einen Gelenkspalt.
A	Verbindungsstellen zwischen den Knochen.
E	die unterschiedliche Bewegungen ermöglichen.
T	unechte und echte Gelenke.
S	von einer straffen Gelenkkapsel umgeben.

Nr.	Buchstabe
1	
2	
3	
4	
5	
6	
7	
8	

Aufgabe 2: *Nenne 3 Maßnahmen, die die Gelenke leistungsfähig und elastisch halten:*

a) ______________________________

____

b) ______________________________

____

c) ______________________________

____

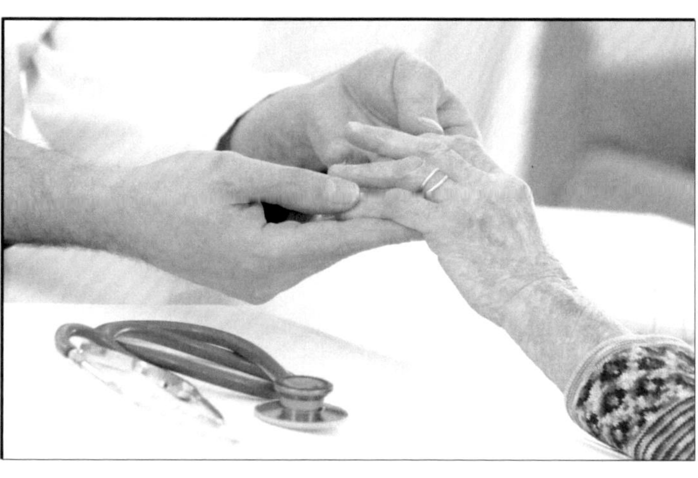

KOHL VERLAG Stationenlernen Skelett, Muskeln und Gelenke – Bestell-Nr. 12 348

Aufbau eines Gelenks (1)

– Lösung –

Aufgabe 1:

1	Gelenke sind die Verbindungsstellen zwischen den Knochen.	**1**	**A**
2	Gelenke sind eine wesentliche Voraussetzung, damit Bewegung möglich ist.	**2**	**R**
3	Man unterscheidet 2 Hauptgruppen: unechte und echte Gelenke.	**3**	**T**
4	Echte Gelenke weisen zwischen den am Gelenk beteiligten Knochen einen Gelenkspalt auf.	**4**	**H**
5	Echte Gelenke benötigen zwei Gelenkpartner, einen Knorpelüberzug und einen Gelenkspalt.	**5**	**R**
6	Der Gelenkspalt trennt die vom Gelenkknorpel überzogenen Gelenkflächen.	**6**	**O**
7	Von außen ist das Gelenk von einer straffen Gelenkkapsel umgeben.	**7**	**S**
8	Es gibt verschiedene Gelenkformen, die unterschiedliche Bewegungen ermöglichen.	**8**	**E**

Aufgabe 2:
- **a)** sich regelmäßig bewegen, z.B. Spaziergänge
- **b)** Gelenke schonende Sportarten ausüben: Radfahren, Schwimmern, Nordic Walking
- **c)** die Muskulatur kräftigen, um die Gelenke zu entlasten

Aufbau eines Gelenks (2)

! **Aufgabe 1**: **a)** *Beschrifte die Bestandteile eines Gelenks.*

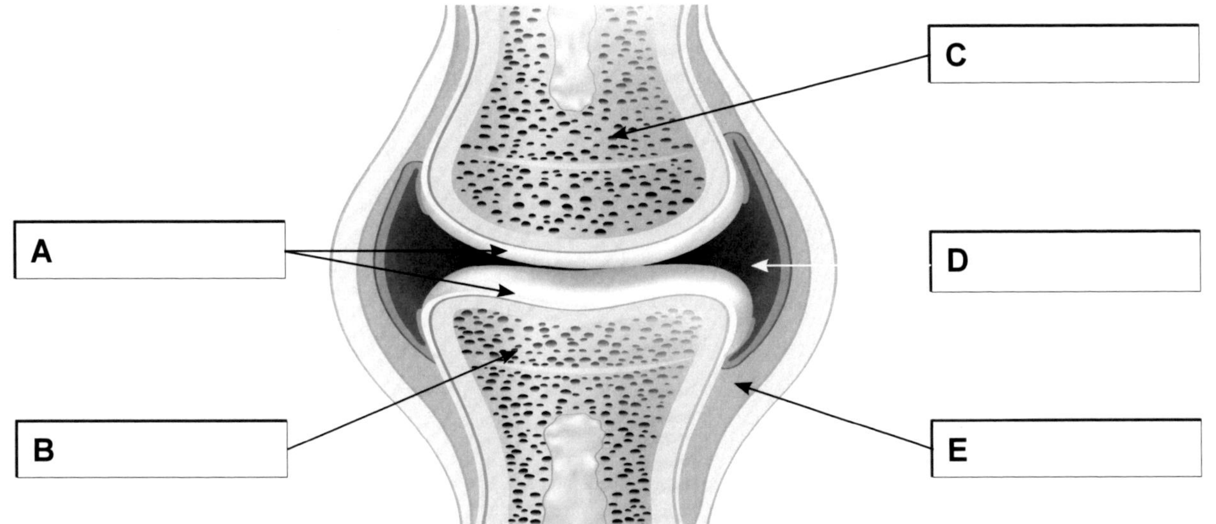

b) *Welcher Gelenkteil gehört zu welchem Text? Schreibe den Buchstaben in den Kreis.*

- ◯ **enthält die Gelenkschmiere**
- ◯ **verhindert das Aufeinanderreiben von Knochen**
- ◯ **sorgt für Stabilität**
- ◯ **passt genau in die Gelenkpfanne**
- ◯ **hat die entsprechende Form für den Gelenkkopf**

⊙ **Aufgabe 2**: *Nenne den Namen und die Form des Gelenks. Beschrifte es mit Begriffen.*

Name: ________________ Gelenkform: ______________________

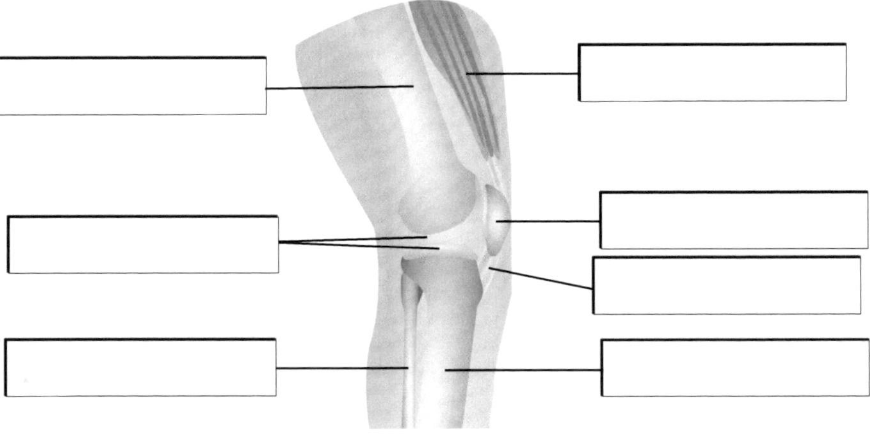

KOHL VERLAG Stationenlernen Skelett, Muskeln und Gelenke – Bestell-Nr. 12 348

Aufbau eines Gelenks (2)

– Lösung –

Aufgabe 1:

A	Gelenkknorpel	verhindert das Aufeinanderreiben von Knochen
B	Gelenkpfanne	hat die entsprechende Form für den Gelenkkopf
C	Gelenkkopf	passt genau in die Gelenkpfanne
D	Gelenkspalt	enthält die Gelenkschmiere
E	Gelenkkapsel	sorgt für Stabilität

Aufgabe 2: Name: Kniegelenk Gelenkform: Drehscharniergelenk

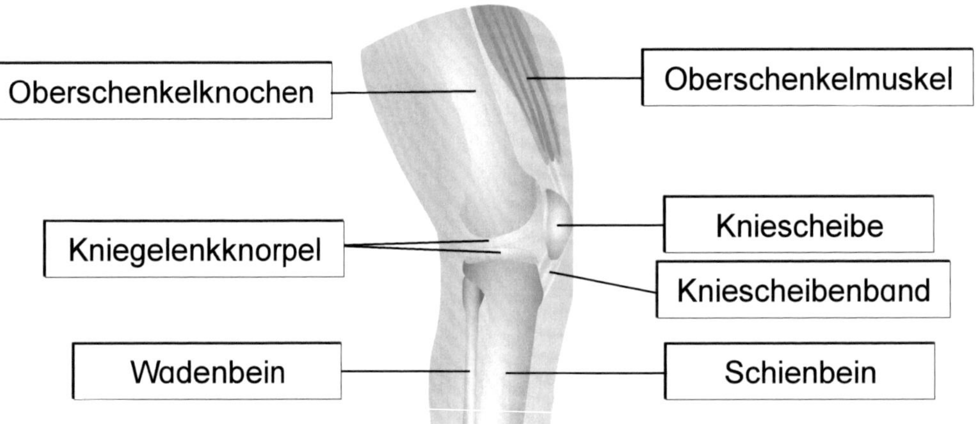

Station

Gelenkformen und -funktionen

★ **Aufgabe 1**: *Trage links oben den Namen, links unten die Form und rechts die Funktion ein.*

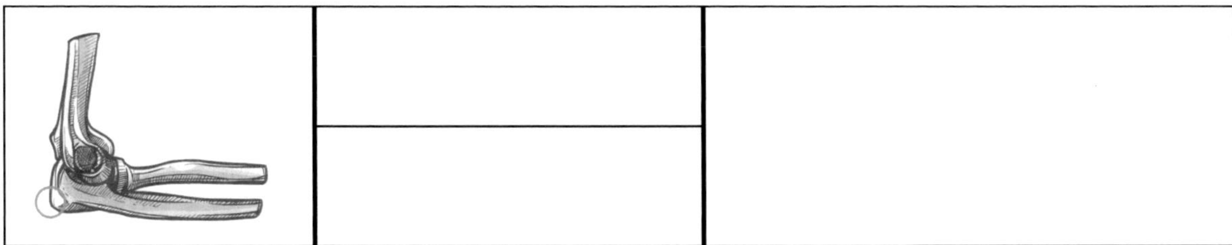

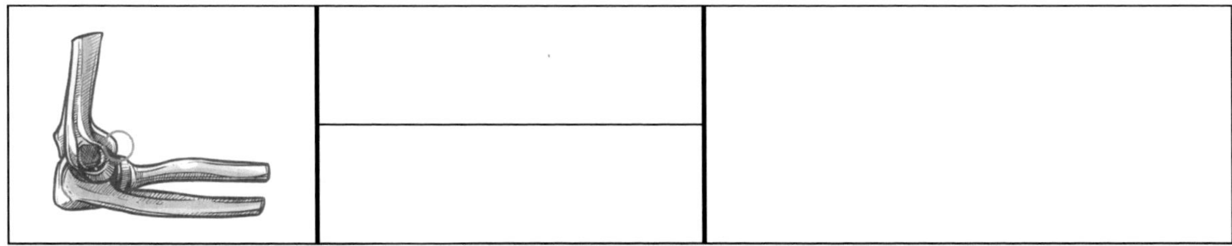

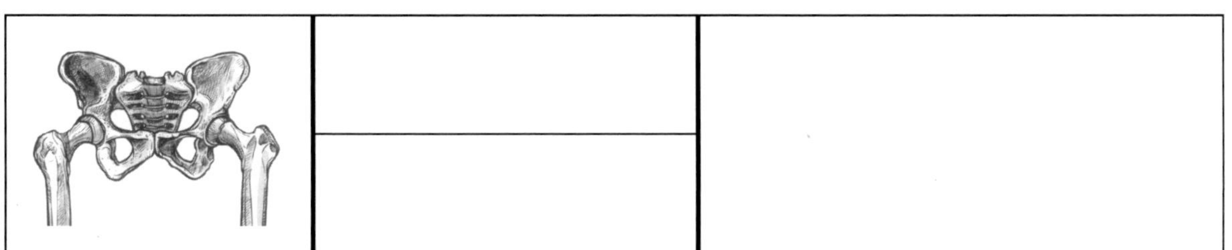

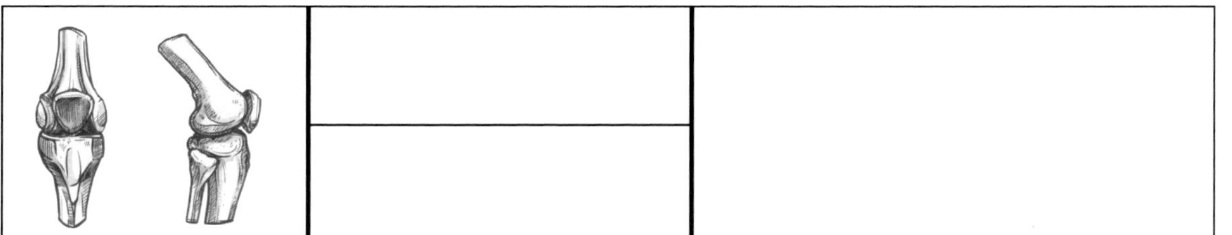

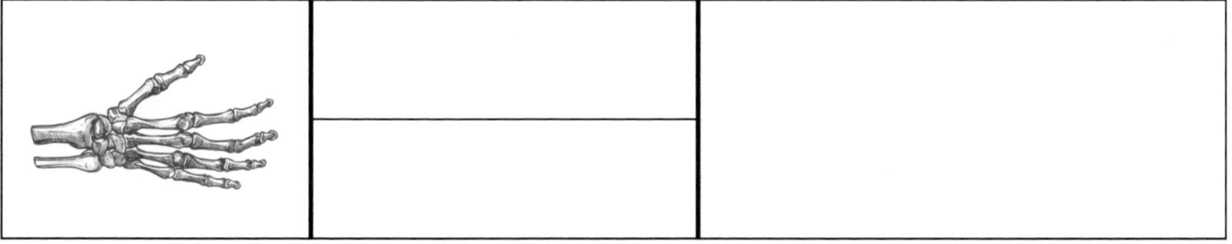

KOHL VERLAG Stationenlernen Skelett, Muskeln und Gelenke – Bestell-Nr. 12 348

Station

Gelenkformen und -funktionen

– Lösung –

Aufgabe 1:

<table>
<tr><td rowspan="2">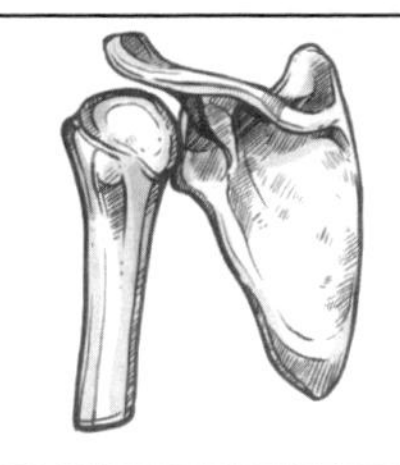</td><td>Schultergelenk</td><td rowspan="2">Bewegungen in alle Richtungen</td></tr>
<tr><td>Kugelgelenk</td></tr>
<tr><td rowspan="2">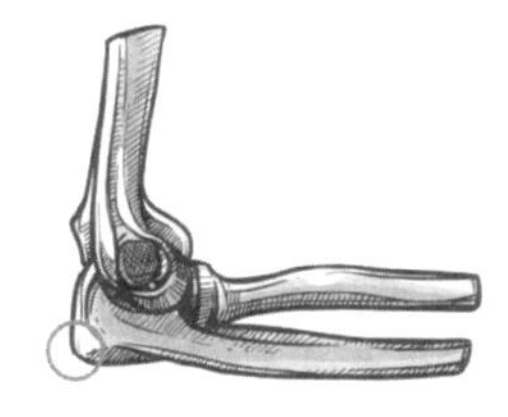</td><td>Oberarm-Ellen-Gelenk</td><td rowspan="2">Beuge- und Streckbewegungen</td></tr>
<tr><td>Scharniergelenk</td></tr>
<tr><td rowspan="2">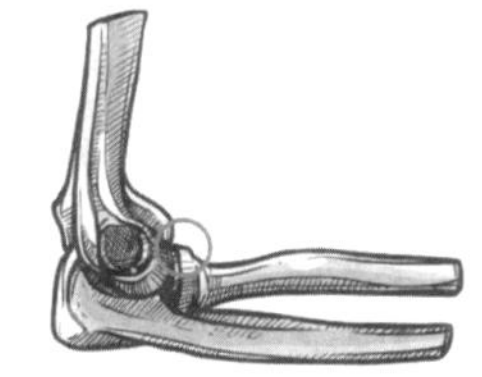</td><td>Oberarm-Speichen-Gelenk</td><td rowspan="2">Drehbewegung des Armes nach innen und außen</td></tr>
<tr><td>Drehgelenk</td></tr>
<tr><td rowspan="2">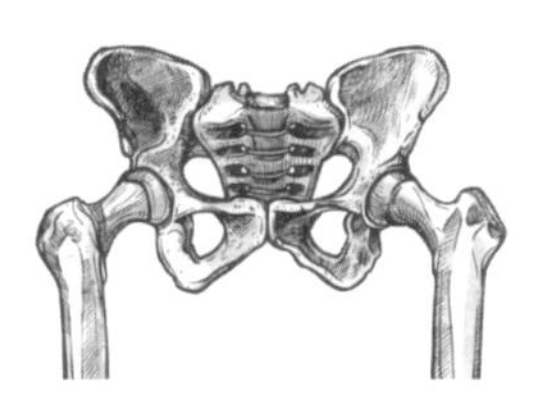</td><td>Hüftgelenk</td><td rowspan="2">Bewegungen in alle Richtungen</td></tr>
<tr><td>Kugelgelenk</td></tr>
<tr><td rowspan="2">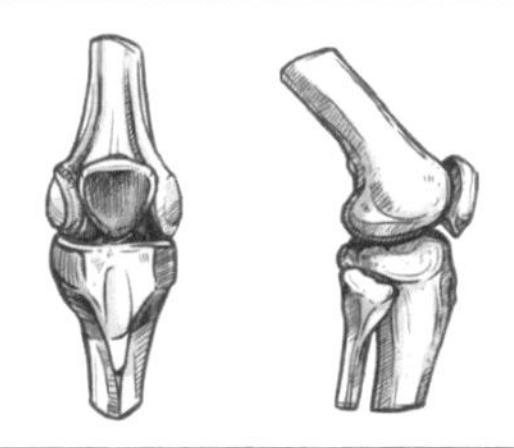</td><td>Kniegelenk</td><td rowspan="2">Beuge- und Streckbewegungen, Rotationsbewegung um die Längsachse des Unterschenkels</td></tr>
<tr><td>Drehscharniergelenk</td></tr>
<tr><td rowspan="2">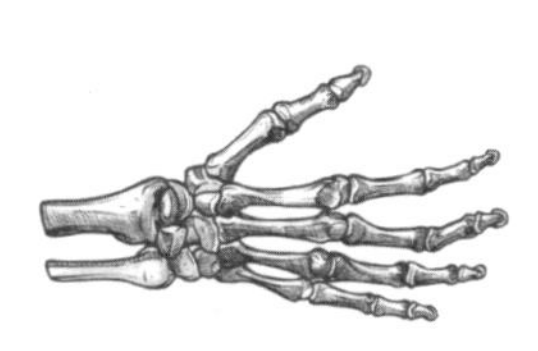</td><td>Grundgelenk des Daumens</td><td rowspan="2">Bewegungen in 4 Richtungen: nach vorn/hinten, nach rechts/links</td></tr>
<tr><td>Sattelgelenk</td></tr>
</table>

Station

Namen und Gelenkformen

! **Aufgabe 1**: *Schreibe in jedes Feld den Namen und darunter die Form des jeweiligen Gelenks.*

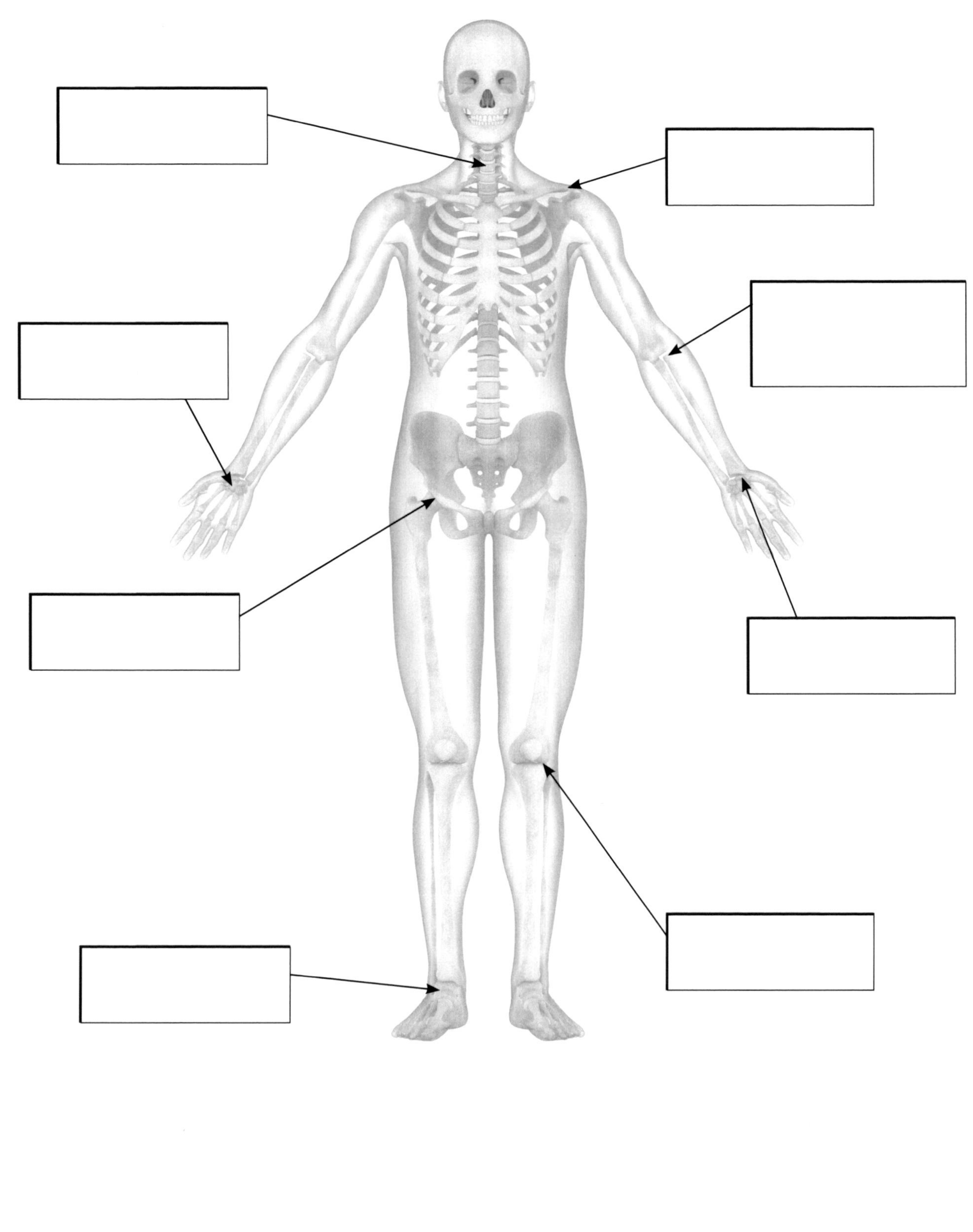

KOHL VERLAG Stationenlernen Skelett, Muskeln und Gelenke – Bestell-Nr. 12 348

Station

Namen und Gelenkformen

– Lösung –

Aufgabe 1:

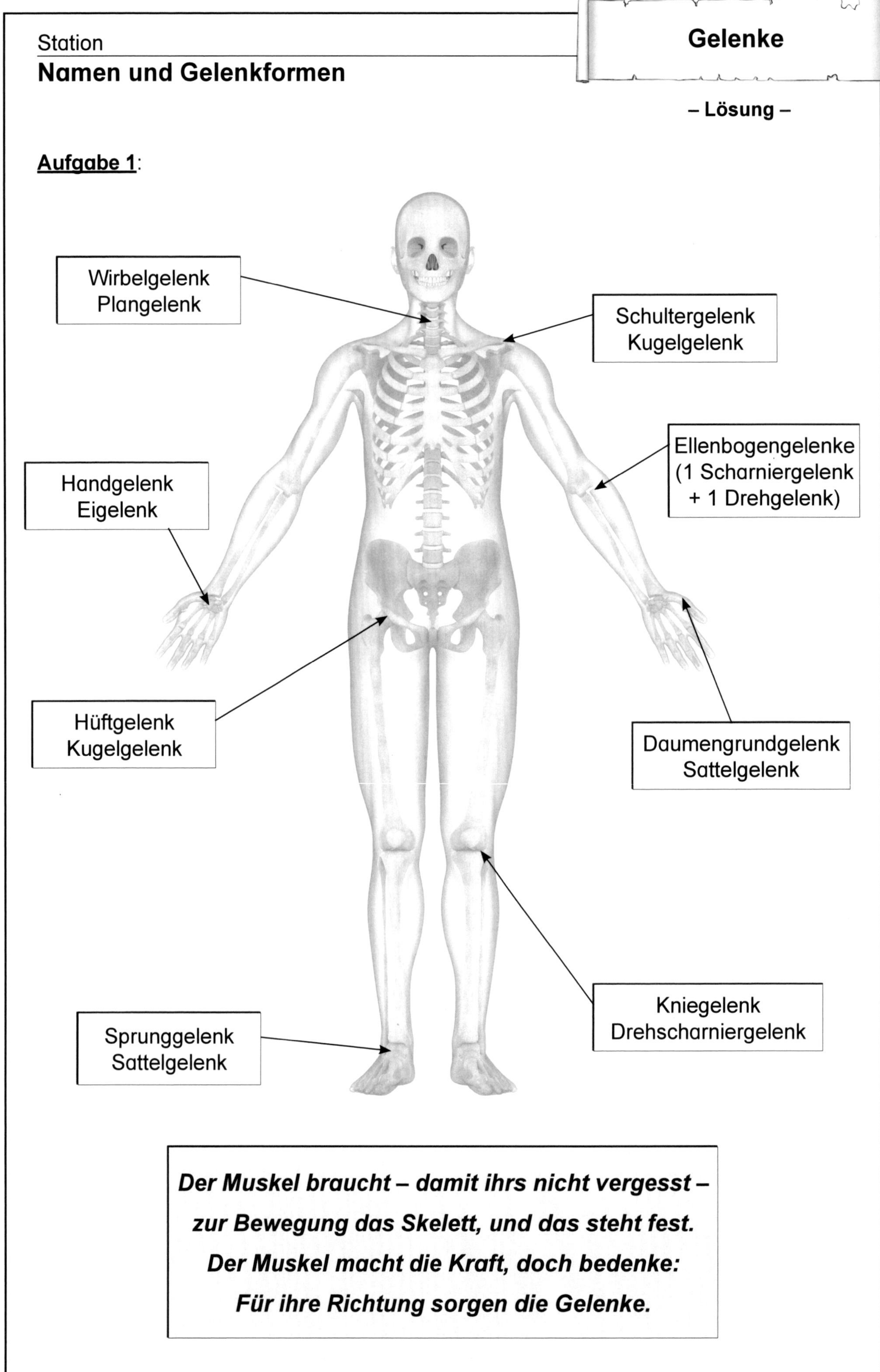

Der Muskel braucht – damit ihrs nicht vergesst –
zur Bewegung das Skelett, und das steht fest.
Der Muskel macht die Kraft, doch bedenke:
Für ihre Richtung sorgen die Gelenke.

Stationenlaufzettel

Name: ______________________ **Datum:** ______________________

Grundlegendes Niveau

Stationsname/Aufgabe	bearbeitet (Datum)	korrigiert (Datum)

! Mittleres Niveau

Stationsname/Aufgabe	bearbeitet (Datum)	korrigiert (Datum)

★ Erweitertes Niveau

Stationsname/Aufgabe	bearbeitet (Datum)	korrigiert (Datum)

KOHL VERLAG Stationenlernen Skelett, Muskeln und Gelenke – Bestell-Nr. 12 348

Klasse: 5 | 6 | 7 | 8 | 9 | 10 | 11-13

Naturwissenschaften

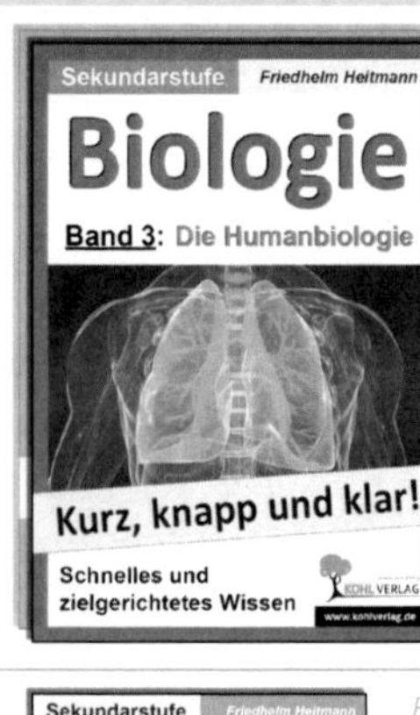

Friedhelm Heitmann

Biologie – Kurz, knapp & klar!

Schnelles & zielgerichtetes Wissen

Diese Kopiervorlagenreihe schafft es, Wissen gezielt auf kurze, knappe und klare Weise zu vermitteln. Dabei werden alle wichtigen Inhalte der Biologie vermittelt.

5 6 7 8 9 10

Seiten	Titel	Best.-Nr.	Preis
72 S.	Tiere	11 196	ab 14,49 €
76 S.	Pflanzen	11 272	ab 15,99 €
80 S.	Humanbiologie	11 419	ab 15,99 €

Friedhelm Heitmann

Einfach Biologie Elementares Wissen leicht erklärt

Verständlich formulierte Texte und Aufgaben helfen, elementare Kenntnisse zu vermitteln und zu festigen. Neben umfassend vorbereiteten praktischen Übungen bietet das Werk ergänzende Tests und Lernzielkontrollen, die auch einen fachfremden Einsatz erleichtern. Im Band werden sehr verkurzt die Themenbereiche Menschen, Tiere, Pflanzen sowie Pilze behandelt. Die Texte sind kurz und einfach formuliert. Die Aufgaben fördern das Textverständnis und festigen bzw. vertiefen das Gelesene und Gelernte.

88 Seiten	12 177	ab 17,49 €

FÖ

5 6 7 8 9 10

Friedhelm Heitmann

Allgemeinwissen fördern BIOLOGIE

Grundkenntnisse fachgerecht in kleinen Portionen

Allgemeinwissen ist wichtig! Genau dieses Ziel wird mit diesem Arbeitsband angestrebt. Innerhalb des Fachbereiches vermittelt das Unterrichtsmaterial ein Basiswissen in kleinen Portionen, das dem Allgemeinwissen förderlich ist. Sämtliche Kopiervorlagen sind mit Lösungen, die auch zur Selbstkontrolle genutzt werden können, ausgestattet.

80 Seiten	11 479	ab 15,99 €

FÖ

6 7 8 9 10

Friedhelm Heitmann

Allgemeinwissen fördern NATUR & UMWELT

Grundkenntnisse fachgerecht in kleinen Portionen

Eine gute Allgemeinbildung zu haben ist wertvoll und für viele selbstverständlich. Genau hier knüpft dieser Band an! Das Unterrichtsmaterial vermittelt ein Basiswissen in kleinen Portionen, das dem Allgemeinwissen förderlich ist. Sämtliche Kopiervorlagen sind mit klar formulierten Infotexten, dazu ausgearbeiteten Aufgaben und Lösungen, die auch zur Selbstkontrolle genutzt werden können, ausgestattet.

64 Seiten	12 760	ab 14,99 €

FÖ

6 7 8 9 10

Dipl. Biol. Stefan Lamm

Basiswissen ÖKOLOGIE

Die Ökologie beschäftigt sich mit den Interaktionen zwischen belebter und unbelebter Natur und beschreibt die grundlegenden Vorgänge. Aspekte der Artbildung, Konkurrenz, Räuber-Beute-Systeme oder Nischenbildung werden ebenso besprochen, wie inner-, bzw. zwischenartliche Kommunikation.

Inhalt: Grundlagen (Was ist Ökologie & Leben?), Wechselbeziehungen (Biotische und abiotische Faktoren, Adaptive Radiation, Parasitismus ...), Lebensgemeinschaften u.v.m.

48 Seiten	12 190	ab 12,49 €

5 6 7 8 9 10

M. Freund & S. Kurz

DIE optimale Ergänzung!

Ökologie hautnah

Zusatzmaterial zum Buch „Basiswissen Ökologie"

Grundlegende Informationen und ausführliche Arbeitsblätter zur Bachforelle, zur Waldameise und zur Kompostierung.

Seiten	Nr.	Titel	Best.-Nr.	Preis
36 S.	1	Bachforelle	12 295	ab 11,99 €
36 S.	2	Rote Waldameise	12 377	ab 11,99 €
40 S.	3	Kompostierung	12 593	ab 12,49 €

5 6 7 8 9 10

Friedhelm Heitmann

Biologie mit Wissen, Witz & Grips Lernkartothek

Angefangen mit diesem Band soll ähnlich wie bei Vokabelkarten nach und nach eine Sammlung von 400 Aufgabenkarten mit den Lösungen auf der Rückseite aufgebaut werden. Jede Karte steht immer für ein besonderes Merkmal, möglichst einen „Gag" eines Unterpunktes aus Themen der SEK I. So wird jedes Stück Lerninhalt mit einem konkreten, besonderen Beispiel erfahren und gemerkt.

104 Seiten	12 453	ab 19,99 €

5 6 7 8 9 10

Hannelore Rössel

NEU

Rätsel BIOLOGIE

Rätselhaftes zur Wiederholung & Vertiefung

Die 45 themen- und altersspezifisch angelegten Rätsel, darunter auch drei rätselartige Spiele, bringen Abwechslung in den üblichen Unterrichtsalltag. Sie eignen sich zur Wiederholung und Vertiefung, als Hausaufgabe oder zu Vertretungsstunden. Der Band ist in die vier Kapitel Pflanzenkunde, Tierkunde, Menschenkunde und Allgemeine Biologie (mit Rätseln zu Cytologie, Genetik, Evolution, Ökologie und einigen Sonderthemen) unterteilt und bietet die unterschiedlichsten Rätselformen, z.B. Zuordnungs- und Bilderrätsel, Kreuzwort- und Silbenrätsel, Rätselalphabete, Rätselspiralen. Jedem Rätsel folgen Lehrerseiten mit der Lösung, auch Erläuterungen, Tipps, Tabellen und Grafiken.

120 Seiten	12 845	ab 21,49 €

5 6 7 8 9 10 11-13

Dipl. Biol. Stefan Lamm

Kreuzworträtsel Biologie

Schnelles & zielgerichtetes Wissen

Je 34 spannende Kreuzworträtsel begleitend zum Lehrplan. Der Einsatz solcher Rätsel dient der Prüfung und ergänzt das biologische Allgemeinwissen. Sie sind auch bestens geeignet für Vertretungsstunden, den fachfremden Themeneinstieg oder die Wiederholung bzw. Zusammenfassung.

Klasse	Best.-Nr.	
Klasse 5/6	11 906	
Klasse 7/8	11 907	je 48 Seiten
Klasse 9/10	11 908	ab 12,49 €

5 6 7 8 9 10

Andrea Schmidt

Rätsel Tiere & Pflanzen

... für zwischendurch

Viele Kinder lieben Rätsel und Knobeleien. Hier finden Sie eine Sammlung verschiedener Rätselformen rund um Flora bzw. Fauna, die als Einstieg in ein neues Thema, als Lückenfüller oder für Vertretungsstunden bestens geeignet sind. Kreuzworträtsel, Suchsel, Kammrätsel u.v.m.

Nr.	Titel	Best.-Nr.	
1	Tierwelt	12 323	je 48 Seiten
2	Pflanzenwelt	12 324	ab 12,49 €

BF

5 6

Ulrike Stolz

Logikrätsel Pflanzen & Tiere

37 Logikrätsel zum Training des logischen Denkens

Mit den **37 Logikrätseln** werden die Gehirnzellen ordentlich angestrengt! Pflanzen und Tiere faszinieren Groß und Klein, trotzdem sind die Logikrätsel so gehalten, dass alle Schüler vom 3. bis zum 4. Schuljahr auf ihre Kosten kommen. Von 3x3er bis zu 4x5er Rätseln sind verschiedene Schwierigkeitsgrade enthalten.

48 Seiten	11 577	ab 12,49 €

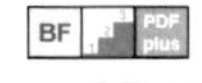

BF

5 6

Inge Kramer-Eis

Rätselhafte Heilpflanzen

Ein lehrreicher Rätselspaß

Wenn die Walnuss als „Schwimmender Sauger mit harter Schale" umschrieben wird, dann ist kreatives „um-die-Ecke-denken" angesagt. In dieser Rätselsammlung werden Kräuter und Heilpflanzen in Form von Rätselkarten kreativ präsentiert. Zusätzlich stehen informative Wissenstexte in kompakter Form rund um die Pflanzen zur Verfügung. Wussten Sie schon, dass Ingwer blutdrucksenkend oder Walnuss schmerzstillend wirkt? Diese und weitere hilfreiche Informationen erweitern den Wissenshorizont.

FARBIG, DIN A5	160 Seiten	12 805	ab 23,99 €

8 9 10 11-13

Dipl. Biol. Stefan Lamm

Mein Weg zum eigenen Herbarium

Ein Leitfaden für die Schule

NEU

Ein Herbarium bietet die Möglichkeit, sich intensiv mit der Botanik zu beschäftigen, sich kreativ auszuleben und vor allem, sich selbst ein bleibendes Kleinod zu schaffen. Darüber hinaus hilft es, die heimische Flora besser kennenzulernen. Der Aufwand lohnt sich!

Dieser Leitfaden bietet einen schnellen Überblick über alle notwendigen Infos/Anleitungen, einer Bauanleitung zur eigenen Pflanzenpresse sowie einen Blanko-Herbarbogen und Musterbogen.

20 Seiten	12 925	ab 10,49 €

5 6 7 8 9 10 11-13